essentials

Markus Westner • Artur Strasser

Objectives and Key Results verstehen und anwenden

Springer Gabler

Markus Westner
Regensburg, Deutschland

Artur Strasser
Hannover, Deutschland

ISSN 2197-6708   ISSN 2197-6716   (electronic)
essentials
ISBN 978-3-658-50381-9   ISBN 978-3-658-50382-6   (eBook)
https://doi.org/10.1007/978-3-658-50382-6

Die Deutsche Nationalbibliothek verzeichnet diese Publikation in der DeutschenNationalbibliografie; detaillierte bibliografische Daten sind im Internet über https://portal.dnb.de abrufbar.

Planung/Lektorat: Mareike Teichmann
Springer Gabler ist ein Imprint der eingetragenen Gesellschaft Springer Fachmedien Wiesbaden GmbH und ist ein Teil von Springer Nature.
Die Anschrift der Gesellschaft ist: Abraham-Lincoln-Str. 46, 65189 Wiesbaden, Germany

Wenn Sie dieses Produkt entsorgen, geben Sie das Papier bitte zum Recycling.

- Einführung zur Herkunft und Einordnung von OKRs sowie deren Definition und Einsatzzweck
- Bestandteile der OKR-Managementmethode
- Formulierung guter Objectives und Key Results
- Implementierungsstrategien zur Einführung der OKR-Managementmethode
- Erfolgs- und Misserfolgsfaktoren, die die Implementierung beeinflussen

Inhaltsverzeichnis

Einleitung 1

1.1 Historie

Das Konzept der Objectives and Key Results (OKR) ist nicht nur ein vorübergehender Managementtrend. Es ist vielmehr das Ergebnis einer kontinuierlichen Entwicklung von Zielsystemen in Unternehmen, die bis in die 1950er-Jahre zurückreicht (Hungenberg & Wulf, 2021, S. 349).

In dieser Zeit führte Peter Drucker das Konzept des *Management by Objectives* (MbO) ein (Drucker, 2007). Im Mittelpunkt stand die Definition von klaren und messbaren Unternehmenszielen, die strukturiert auf verschiedenen Ebenen im Unternehmen umgesetzt wurden (Bracher, 2009, S. 42–44). Dieses Verfahren wurde in der Folge von vielen Unternehmen weltweit adaptiert und schuf damit die Basis für spätere Zielsysteme (Doerr, 2018, S. 37). Obwohl MbO weit verbreitet war, wurden in der Praxis oft dessen starre, meist jährliche Zyklen und die reine Top-Down-Kaskadierung kritisiert (Bracher, 2009, S. 42; Lobacher & Jacob, 2020, S. 23–25).

Die 1970er-Jahre waren vor diesem Hintergrund geprägt von einer intensiven Diskussion und Weiterentwicklung von insbesondere MbO-basierten Managementmethoden (Engelhardt & Möller, 2017, S. 30). Eine entscheidende Weiterentwicklung kam dabei von Intel unter der Führung von Andy Grove, wie Doerr (2018, S. 36) ausführlich beschreibt. Aufbauend auf Druckers Ideen erkannte Grove die Notwendigkeit, ambitionierte, qualitative Ziele (die späteren *Objectives*) eng mit spezifischen, messbaren Schlüsselergebnissen (den späteren *Key Results*) zur Fortschrittssteuerung zu verknüpfen. Diese Initiative, von Grove ursprünglich als „iMbOs" (Intel Management by Objectives) bezeichnet, führte zur Entwicklung dessen, was heute als OKR-Managementmethode bekannt ist (Doerr, 2018, S. 38).

M. Westner, A. Strasser, *Objectives and Key Results verstehen und anwenden*, essentials, https://doi.org/10.1007/978-3-658-50382-6_1

Die weite Verbreitung und Akzeptanz der OKR-Managementmethode wurde ab den 2000er-Jahren maßgeblich von John Doerr, einem ehemaligen Mitarbeiter von Intel, vorangetrieben (Doerr, 2018, S. 11). Doerr führte das Konzept bei Google ein, wo es schnell zu einem festen Bestandteil der Unternehmenskultur wurde und wesentlich zum erfolgreichen Wachstum des Unternehmens beitrug.

In den folgenden Jahren übernahmen nicht nur High-Tech-Unternehmen und Start-ups, sondern auch etablierte Unternehmen aus verschiedenen Branchen die OKR-Managementmethode (Lihl et al., 2019, S. 42; Strasser et al., 2020, S. 3). Die breite Akzeptanz und Anwendung der Methode zeigt somit ihre Bedeutung und Relevanz in der globalen Geschäftswelt.

1.2   Definition

Die OKR-Managementmethode hat sich in den letzten Jahren zu einem wichtigen Ansatz für agiles Zielmanagement entwickelt, insbesondere als Antwort auf die steigende Komplexität und Veränderungsgeschwindigkeit in der modernen Arbeitswelt (Doerr, 2018, S. 14; Grieb et al., 2024, S. 57). Sie zeichnet sich dadurch aus, dass sie für Transparenz im Unternehmen sorgt und eigenverantwortliches Arbeiten fördert (Creusen et al., 2017, S. 78). Ziele sind für alle Mitarbeitenden sichtbar, was ein hohes Maß an Abstimmung und Zusammenarbeit ermöglicht (Doerr, 2018, S. 30; Fangmeier & Koch, 2024, S. 200).

Doch was genau ist die OKR-Managementmethode und warum gewinnt OKR zunehmend an Bedeutung?

Im Kern ist OKR eine Managementmethode, die Organisationen hilft, ihre Ziele agil zu managen (Lobacher & Jacob, 2020, S. 17–18). Die OKR-Managementmethode zielt darauf ab, eine Kultur des fokussierten Arbeitens und ergebnisorientierten Denkens zu fördern, indem die Mitarbeitenden ermutigt werden, messbare Ergebnisse zu erzielen, die den Unternehmenszielen dienen (Doerr, 2018, S. 85; Grieb et al., 2024, S. 62). Diese Ergebnisse werden als Key Results festgehalten, während die übergeordneten Ziele als Objectives definiert werden (Fangmeier & Koch, 2024, S. 194; Reusche, 2020, S. 475).

Objectives sind qualitativ, oft ambitioniert, motivierend und bedeutend. Sie beantworten die Frage, was eine Organisation erreichen will.

Key Results sind messbare Ergebnisse, die den Fortschritt in Richtung des Objectives quantifizieren. Sie beschreiben die erreichte Wirkung *(Outcome)*, nicht nur die durchgeführten Aktivitäten oder erstellten *Outputs* (Doerr, 2018, S. 226; Sörgens, 2023, S. 72).

Im Allgemeinen wird der Begriff OKR verwendet, um die Managementmethode als Ganzes oder ein spezifisches Set von Objectives und Key Results zu beschreiben (Rieger & Luge, 2024, S. 560). Die Methode dient als Instrument sowohl für die strategische Planung als auch für die operative Umsetzung (Fangmeier & Koch, 2024, S. 194; Kudernatsch, 2022, S. 28–29).

Ein zentrales Element der OKR-Managementmethode ist die eingangs erwähnte Agilität (Grieb et al., 2024, S. 57). Ziele werden in kurzen Zyklen gesetzt, damit Unternehmen flexibel auf Veränderungen reagieren können (Landmann et al., 2021, S. 12; Vohl, 2017, S. 183). Zudem sollte die Zielerreichung nicht an ein Belohnungssystem gekoppelt sein. Vielmehr steht die Förderung der intrinsischen Motivation im Vordergrund (Doerr, 2018, S. 44; Reusche, 2020, S. 476; Teipel & Alberti, 2019, S. 36).

Die OKR-Managementmethode ermöglicht es Unternehmen, eine klar definierte Strategie zu haben, diese effektiv zu verfolgen und die Anstrengungen aller Mitarbeitenden auf gemeinsame Ziele auszurichten (Creusen et al., 2017, S. 78). Sie bietet auch eine Struktur, um den Fortschritt regelmäßig zu überprüfen und gegebenenfalls Anpassungen vorzunehmen, um die gewünschten Ergebnisse zu erzielen (Vohl, 2017, S. 184–185).

1.3 Einordnung

Um die Managementmethode OKR richtig zu verstehen und ihre spezifischen Vorteile zu nutzen, ist es wichtig, sie von anderen etablierten Managementmethoden abzugrenzen. Obwohl OKR Gemeinsamkeiten mit Ansätzen wie MbO, Balanced Scorecard (BSC) und Key Performance Indicators (KPIs) aufweist, gibt es auch Unterschiede.

Management by Objectives (MbO)
MbO, von Peter Drucker in den 1950er-Jahren entwickelt (Drucker, 2007), ist ein Managementansatz, bei dem Führungskräfte und Mitarbeitende gemeinsam Organisationsziele festlegen. Diese Ziele geben eine klare Richtung vor und dienen als Richtschnur für die Arbeit der Mitarbeitenden. Bei MbO ist jeder Mitarbeitende für die Zielerreichung verantwortlich und hat die Freiheit, die Mittel zur Zielerreichung selbst zu wählen (Fink & Heineke, 2006, S. 386; Hungenberg & Wulf, 2021, S. 348). Das System betont die Bedeutung messbarer, realistischer und zeitlich definierter Ziele.

Gemeinsamkeiten Sowohl die OKR-Managementmethode als auch MbO konzentrieren sich auf Ziele und messbare Ergebnisse. Beide Ansätze fördern die Beteiligung der Mitarbeitenden durch klare Zieldefinitionen.

Unterschiede MbO ist in der Regel auf Jahresziele ausgerichtet, wobei die Ziele meist als realistisch und vollständig erreichbar formuliert werden. Es ist oft mit monetären Anreizen verbunden, hat einen formelleren Charakter und ist häufig top-down ausgerichtet (Kudernatsch, 2022, S. 18). Die OKR-Managementmethode hingegen ist agiler, konzentriert sich auf kürzere Zyklen (in der Regel Quartale) und beinhaltet oft ambitionierte Ziele (Stretch Goals), bei denen eine 70–80 %ige Erreichung bereits als Erfolg gelten kann (Creusen et al., 2017, S. 78, 200). Zudem ist der Zielsetzungsprozess bei der OKR-Managementmethode häufiger bidirektional oder beinhaltet stärkere Bottom-up-Elemente als das klassische MbO (Fangmeier & Koch, 2024, S. 195; Landmann et al., 2021, S. 4).

Balanced Scorecard (BSC)
Die von Robert Kaplan und David Norton in den 1990er-Jahren eingeführte BSC ist ein strategisches Management- und Messsystem (Kaplan & Norton, 1996). Es betrachtet eine Organisation typischerweise aus vier Hauptperspektiven: finanzielle Perspektive, Kundenperspektive, interne Prozessperspektive und Lern- und Wachstumsperspektive. Die Idee ist, über rein finanzielle Kennzahlen hinauszugehen und auch andere Aspekte der Organisationsleistung zu betrachten. Mittels eines Top-Down-Ansatzes werden die Unternehmensziele von der obersten Managementebene abgeleitet und systematisch auf untere Ebenen kaskadiert. Dieser Prozess stellt sicher, dass die Strategie bis in das operative Tagesgeschäft hinein wirkt und schlägt so eine Brücke zwischen Vision und Umsetzung.

Gemeinsamkeiten Beide Ansätze, die OKR-Managementmethode und die BSC, zielen darauf ab, die Unternehmensstrategie in messbare Aktionen zu übersetzen und den Fortschritt bei der Umsetzung zu verfolgen.

Unterschiede Die BSC wird primär als strategisches Management- und Messsystem eingesetzt, das die oft langfristige Strategie mithilfe der vier oben genannten Perspektiven ausbalanciert abbildet und über Ursache-Wirkungs-Ketten (Strategy Maps) visualisiert (Kaplan & Norton, 2001, S. 55). Ein charakteristisches Merkmal ist die Top-Down-Kaskadierung, bei der die Ziele von der obersten

Unternehmensebene nach unten weitergegeben werden. Diese Methode kann jedoch hinsichtlich der Zielabstimmung komplex sein und erfordert häufig einen intensiven Abstimmungsprozess (Fink & Heineke, 2006, S. 388). Im Gegensatz dazu fungiert die OKR-Managementmethode stärker als agiles Framework für die operative Strategieumsetzung und das Zielmanagement in kürzeren Zyklen. Es fokussiert auf flexible Zieldefinition und -umsetzung ohne vordefinierte Perspektiven (Fangmeier & Koch, 2024, S. 202).

Key Performance Indicators (KPIs)
KPIs sind messbare Werte, die zeigen, wie effektiv ein Unternehmen wichtige Geschäftsziele erreicht (Helmold, 2023, S. 129). Jedes Unternehmen hat unterschiedliche KPIs, die von den jeweiligen Geschäftszielen abhängen (Bracher, 2009, S. 14). KPIs können beispielsweise finanzieller, prozess- oder kundenorientierter Natur sein. Sie dienen dazu, den Fortschritt in Richtung strategischer und operativer Ziele zu überwachen und gegebenenfalls Anpassungen in der Unternehmensstrategie vorzunehmen (Helmold, 2023, S. 129).

Gemeinsamkeiten KPIs und Key Results in der OKR-Managementmethode sind messbare Indikatoren, die den Fortschritt oder die Leistung in Bezug auf ein Ziel anzeigen.

Unterschiede KPIs sind typischerweise Metriken, die die laufende Leistung oder „Gesundheit" in bestimmten Bereichen, Prozessen oder Funktionen darstellen (Monitoring des Status Quo oder „Business as Usual") (Helmold, 2023, S. 130). Sie können über längere Zeiträume unverändert bleiben und oft auch losgelöst von spezifischen Veränderungsinitiativen existieren (Strasser et al., 2020, S. 13). OKRs hingegen sind zielorientierte Sets von Objectives und zugehörigen Key Results, die den Fortschritt bei der Erreichung einer spezifischen, oft veränderungsorientierten Zielsetzung (dem Objective) messen und in kurzen Zyklen angepasst oder neu definiert werden (Kollmann, 2020, S. 127). Wichtig ist, dass sich KPIs und OKRs nicht wechselseitig ausschließen, sondern koexistieren können und sollten (Lobacher & Jacob, 2020, S. 128; von Vogel, 2018, S. 56). KPIs überwachen die grundlegende Performance, während OKRs gezielte Verbesserungen oder strategische Initiativen vorantreiben (Lobacher & Jacob, 2020, S. 127).

Bei aller Unterschiedlichkeit haben alle oben dargestellten Managementmethoden das gemeinsame Ziel, das Handeln innerhalb einer Organisation messbar zu machen und an den übergeordneten Unternehmenszielen auszurichten. Dadurch soll sichergestellt werden, dass alle Beteiligten kontinuierlich und auf die Organisationsziele ausgerichtet arbeiten.

1.4   Einsatzzweck

Der primäre Einsatzzweck der OKR-Managementmethode ist die fokussierte und agile Umsetzung der Unternehmensstrategie. Sie dient dazu, Prioritäten zu setzen, abteilungs- und teamgrenzenübergreifend auszurichten und sicherzustellen, dass alle Anstrengungen auf die Erreichung messbarer Ergebnisse (Outcomes) fokussiert sind, die zur Erreichung der wichtigsten Unternehmensziele beitragen.

Um Fokus und strategische Ausrichtung zu erreichen, hilft die OKR-Managementmethode Organisationen, sich auf wenige, kritische Ziele pro Zyklus zu konzentrieren (Fangmeier & Koch, 2024, S. 195). Durch die Definition klarer Objectives und messbarer Key Results werden Prioritäten sichtbar und Ressourcen können gezielt eingesetzt werden (Creusen et al., 2017, S. 78). Dies reduziert Komplexität und vermeidet Ablenkungen durch weniger wichtige Aufgaben (Teipel & Alberti, 2019, S. 35).

Ein weiterer Kernzweck ist die Herstellung von unternehmensweiter Ausrichtung und Transparenz (Grieb et al., 2024, S. 58; von Vogel, 2018, S. 54). Indem Ziele und Fortschritte für alle sichtbar gemacht werden, verstehen Mitarbeitende den Gesamtkontext und können ihre Arbeit besser aufeinander ausrichten (Fangmeier & Koch, 2024, S. 200). Dies fördert eine Kultur der Verantwortlichkeit und ermöglicht das frühzeitige Erkennen von Abhängigkeiten und Hindernissen (Doerr, 2018, S. 191; Rieger & Luge, 2024, S. 565).

Die OKR-Managementmethode fördert auch Autonomie und unternehmerisches Handeln auf Team- und Individualebene, um Lösungsfindung und damit die Strategieumsetzung zu unterstützen (Landmann et al., 2021, S. 13). Indem das „Was" (Objective) und die Messkriterien (Key Results) klar sind, erhalten Teams Freiraum bei der Wahl des „Wie" (Initiativen) (Doerr, 2018, S. 27–28). Diese Kombination aus klarer Richtung und operativem Spielraum steigert oft das Engagement und die Motivation der Mitarbeitenden (von Vogel, 2018, S. 53).

Schließlich ist die OKR-Managementmethode ein Werkzeug zur Förderung von Agilität und organisationalem Lernen. Die kurzen Zyklen mit festen Review- und Retrospektivterminen ermöglichen eine schnelle Anpassung an neue Erkenntnisse oder veränderte Rahmenbedingungen (Fangmeier & Koch, 2024, S. 196; von Vogel, 2018, S. 52). Diese eingebauten Feedbackschleifen unterstützen eine Kultur der kontinuierlichen Verbesserung (Kudernatsch, 2022, S. 26).

OKR als Managementmethode

2

2.1 Überblick

Die Kernkomponenten der OKR-Managementmethode sind Objectives (Ziele) und Key Results (Schlüsselergebnisse).

Objectives definieren, welcher Zustand in der Zukunft erreicht werden soll. Sie geben Antwort auf die Frage: „Was wollen wir erreichen?". Objectives sind qualitativ, motivierend, prägnant und besitzen eine hohe Relevanz für die Organisation (Doerr, 2018, S. 226).

Key Results nach Doerr (2018, S. 226) beschreiben die messbaren Ergebnisse, die anzeigen, ob und inwieweit das zugehörige Objective erreicht wurde. Sie machen den Fortschritt und den Grad der Zielerreichung messbar und beantworten die Frage: „Woran erkennen wir den Erfolg bzw. die Zielerreichung?". Key Results sind ergebnisorientiert, herausfordernd, aber erreichbar und quantitativ messbar.

Die OKR-Managementmethode operiert in zwei miteinander verbundenen Hauptphasen: dem strategischen und dem operativen Zyklus (Doerr, 2018, S. 22, 62; Engelhardt & Möller, 2017, S. 34; Kudernatsch, 2022, S. 29) wie in Abb. 2.1 dargestellt.

Strategischer Zyklus Im strategischen Zyklus wird zunächst das Leitbild des Unternehmens (Vision, Mission und Werte) geklärt oder überprüft (Kudernatsch, 2022, S. 35–43). Darauf aufbauend wird die Unternehmensstrategie abgeleitet und in mittelfristige Unternehmensziele – oft als *Mid-term Goals* oder *Moals*

M. Westner, A. Strasser, *Objectives and Key Results verstehen und anwenden*, essentials, https://doi.org/10.1007/978-3-658-50382-6_2

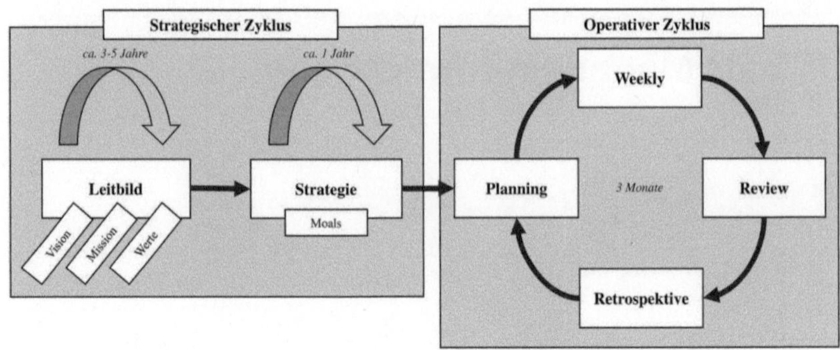

Abb. 2.1 Die beiden Zyklen der OKR-Managementmethode

bezeichnet – übersetzt (Landmann et al., 2021, S. 4; Strasser et al., 2020, S. 8). Dieser Zyklus knüpft an bewährte Ansätze des strategischen Managements an (Hungenberg & Wulf, 2021, S. 23–29) und bildet die langfristige Orientierung für die OKR-Arbeit.

Operativer Zyklus Dieser umfasst vier zentrale Events, die typischerweise in einem Rhythmus von drei Monaten durchlaufen werden (Fangmeier & Koch, 2024, S. 196; Lobacher & Jacob, 2020, S. 135; Strasser et al., 2020, S. 7):

1. *Planning:* Hier werden die OKRs für den bevorstehenden Zyklus definiert. Diese Definition orientiert sich an den Moals und wird an den übergeordneten Organisations- oder Teamzielen ausgerichtet (Lobacher & Jacob, 2020, S. 77, 103).
2. *Weekly:* Ein kurzes, wöchentliches Treffen zur Synchronisation. Hier wird der Fortschritt der OKRs besprochen, Erfolge werden sichtbar gemacht, Hindernisse identifiziert und nächste Schritte koordiniert (Grieb et al., 2024, S. 63).
3. *Review:* Am Ende des Zyklus wird die Zielerreichung bewertet. Es wird analysiert, inwieweit die Key Results erreicht wurden, und welche Erkenntnisse (Learnings) daraus für die zukünftige Arbeit gewonnen werden können (Lobacher & Jacob, 2020, S. 141).
4. *Retrospektive:* Bei diesem Treffen steht die Verbesserung des Prozesses und der Zusammenarbeit im Vordergrund. Das Team reflektiert, was im vergangenen OKR-Zyklus gut lief und was verbessert werden kann (Sörgens, 2023, S. 81–82; Strasser et al., 2020, S. 10).

Nach Abschluss dieser Events beginnt der operative Zyklus von Neuem, angereichert um die gewonnenen Erkenntnisse (Doerr, 2018, S. 237). Während der operative Zyklus meist quartalsweise stattfindet, sorgt der strategische Zyklus in größeren Abständen (z. B. jährlich) für die übergeordnete Ausrichtung und Anpassung der Moals (Kudernatsch, 2022, S. 35; Rieger & Luge, 2024, S. 564).

2.2 Werte

Die OKR-Managementmethode basiert auf zentralen Werten, die für ihren Erfolg und ihre Wirksamkeit entscheidend sind. Sie prägen die Organisationskultur und dienen als Grundlage für die Implementierung und Anwendung der Methode in Organisationen. Im Kern stützt sich die OKR-Managementmethode dabei auf vier zentrale Werte (Doerr, 2018, S. 30; Engelhardt & Möller, 2017, S. 31–32; Strasser et al., 2020, S. 4):

Alignment (Ausrichtung) ist ein zentraler Wert in der OKR-Managementmethode (Doerr, 2018, S. 30). Er stellt sicher, dass die individuellen und Teamziele mit den übergeordneten Unternehmenszielen übereinstimmen und alle in die gleiche Richtung arbeiten. Gut abgestimmte OKRs ermöglichen es Organisationen, ihre Anstrengungen zu bündeln und sicherzustellen, dass alle Ressourcen fokussiert auf die Erreichung der wichtigsten Ziele ausgerichtet sind (Doerr, 2018, S. 84).

Transparenz ist ein weiterer Kernwert. Durch die offene Kommunikation von Zielen und Fortschritten auf allen Ebenen fördert die OKR-Managementmethode das gegenseitige Verständnis und die Zusammenarbeit (Rieger & Luge, 2024, S. 563). Transparenz schafft Vertrauen und ermöglicht es den Teams, ihre Aktivitäten besser aufeinander abzustimmen und mögliche Hindernisse sowie Synergien frühzeitig zu erkennen (Engelhardt & Möller, 2017, S. 32).

Commitment (im Sinne von Engagement und Verbindlichkeit) ist ein weiterer zentraler Wert. Es entsteht einerseits durch die aktive Beteiligung der Teams am Zielsetzungsprozess, was die Identifikation mit den Zielen fördert (Creusen et al., 2017, S. 132–133). Andererseits bedeutet Commitment in der OKR-Managementmethode auch das gemeinsame, verbindliche Bekenntnis des Teams oder der Organisation, die vereinbarten OKRs mit Priorität zu verfolgen und die notwendigen Ressourcen dafür bereitzustellen (Doerr, 2018, S. 53). Dieses Commitment ist wichtig, um auch ambitionierte Ziele konsequent anzugehen und Verantwortung für die Ergebnisse zu übernehmen (Doerr, 2018, S. 131).

Intrinsische Motivation ist der vierte Kernwert: die OKR-Managementmethode fördert die intrinsische Motivation der Mitarbeitenden (Lobacher & Jacob, 2020, S. 100). Wenn Menschen das „Warum" hinter ihren Zielen verstehen und sehen, wie ihre Arbeit zum Gesamterfolg beiträgt (Purpose), sind sie aus sich heraus motiviert, überdurchschnittliche Leistungen zu erbringen (Doerr, 2018, S. 110). Dieses Gefühl des sinnvollen Beitrags zur Mission und Vision des Unternehmens ist ein starker Antreiber, gerade weil OKRs oft bewusst von direkten monetären Anreizen entkoppelt werden (Doerr, 2018, S. 44; Lobacher & Jacob, 2020, S. 212).

Diese vier Werte sind keine bloßen Ideale, sondern oft notwendige Voraussetzungen für das Gelingen der OKR-Einführung und -Anwendung: Alignment und Transparenz ermöglichen die Koordination über Teamgrenzen hinweg in kurzen Zyklen. Commitment wird benötigt, um ambitionierte Ziele zu verfolgen, und die Betonung intrinsischer Motivation unterstützt das Streben nach anspruchsvollen Ergebnissen auch ohne direkte Kopplung an variable Vergütung.

2.3   Prinzipien

Mehrere zentrale Prinzipien prägen die praktische Anwendung der OKR-Managementmethode und sind tief in ihrer Konzeption verankert. Sie dienen der klaren Ausrichtung und effektiven Zielerreichung. Insbesondere vier davon werden oft als „Grundhygiene" der Methode bezeichnet (Engelhardt & Möller, 2017, S. 31):

Fokussierung Ein wesentliches Merkmal der OKR-Managementmethode ist die bewusste Beschränkung auf das Wesentliche. Es werden pro Team und Zyklus typischerweise nur wenige Objectives (maximal 3–5) mit jeweils maximal 3–5 Key Results empfohlen (Doerr, 2018, S. 44; Kollmann, 2020, S. 127). Damit wird sichergestellt, dass sich Organisationen und Teams auf die wichtigsten strategischen Vorhaben konzentrieren und ihre Energie bündeln, statt sich in zu vielen Aktivitäten zu verzetteln (Teipel & Alberti, 2019, S. 39).

Partizipation Eine reine *Top-down*-Vorgabe von Zielen wird in der OKR-Managementmethode vermieden. Stattdessen wird angestrebt, dass ein signifikanter Teil der OKRs (insbesondere auf Team-Ebene) – Doerr (2018, S. 91) spricht von etwa der Hälfte – *bottom-up* oder im Dialog mit der Führungsebene definiert werden. Dieses Vorgehen stellt sicher, dass sich die Beteiligten mit den Zielen identifizieren („*Buy-in*") und diese mittragen. Es fördert ein Umfeld, in dem nicht einseitig diktiert, sondern gemeinsam vereinbart wird (Kudernatsch, 2022, S. 5).

Transparenz Aufbauend auf dem gleichnamigen Wert (siehe Abschn. 2.2), ist Transparenz auch ein operatives Kernprinzip: Alle OKRs – von der Unternehmensspitze bis zu den Teams – sind in der Regel für alle Mitglieder der Organisation einsehbar (Doerr, 2018, S. 83). Diese gelebte, absolute Transparenz fördert Vertrauen, Verständnis für Zusammenhänge und die Zusammenarbeit zwischen Teams und Abteilungen.

Ergebnisorientierte Bewertung und Lernen Der Fortschritt der Key Results wird während des Zyklus regelmäßig verfolgt (z. B. im Weekly). Am Ende des Zyklus (im Review) erfolgt dann eine Bewertung *(Scoring)* der erreichten Key Results, oft auf einer Skala von 0,0 bis 1,0 (bzw. 0–100 %) (Doerr, 2018, S. 119). Der primäre Zweck dieser Bewertung ist jedoch nicht die Leistungsbeurteilung, sondern das Lernen (Engelhardt & Möller, 2017, S. 35): „Was wurde erreicht? Warum (nicht)? Was lernen wir daraus für den nächsten Zyklus?". Durchschnittswerte können dabei helfen, Muster zu erkennen (Doerr, 2018, S. 119). Diese Fokussierung auf Lernen ermöglicht es auch, ambitionierte Ziele zu setzen, ohne Angst vor negativen Konsequenzen bei Nichterreichen der 100 % zu haben.

Neben diesen vier Prinzipien betonen insbesondere Doerr (2018, S. 44) und viele andere Experten (Kudernatsch, 2022, S. 189–190; Lihl et al., 2019, S. 43; Lobacher & Jacob, 2020, S. 212) einen weiteren, entscheidenden Aspekt, nämlich die Trennung von variabler Vergütung. Es wird dringend empfohlen, die OKR-Zielerreichung von direkten monetären Anreizsystemen (wie individuellen Bonuszahlungen) zu entkoppeln. Dadurch soll ambitioniertes Denken *(Stretch Goals)* gefördert werden und der Fokus auf Lernen und kontinuierliche Verbesserung gelegt werden, statt auf das reine Erreichen von Zahlenwerten zur Bonusmaximierung.

2.4 OKR-Zyklus

2.4.1 Strategische Ausrichtung

Die Basis für einen effektiven OKR-Zyklus ist eng mit dem Prozess der strategischen Ausrichtung eines Unternehmens verzahnt. Dies beginnt mit der Definition des Leitbildes, welches die Vision, Mission, Werte, Strategie und Ziele des Unternehmens beinhaltet (Kudernatsch, 2022, S. 35–42).

Vision, Mission und Werte Die OKRs eines Unternehmens spiegeln seinen Zweck wider und sollen dazu beitragen, ihn zu manifestieren. Aus diesem Grund müssen sie in einem Kontext stehen, der sich auf die Vision, die Mission und die Strategie des Unternehmens bezieht (Creusen et al., 2017, S. 29; Kudernatsch, 2022, S. 32). Die Vision zeigt den langfristig angestrebten Zustand des Unternehmens und dient als Leitlinie für das unternehmerische Handeln. Sie bildet die Grundlage für Entscheidungen über Unternehmensziele, strategische Projekte und die Ausrichtung von Ressourcen (Hungenberg & Wulf, 2021, S. 59). Die Mission wiederum liefert eine klare Begründung für die Existenz eines Unternehmens. Sie definiert das Tätigkeitsfeld, die Aufgaben, Ziele und Absichten des Unternehmens (Lobacher & Jacob, 2020, S. 89). Unternehmenswerte wiederum definieren die grundlegenden Überzeugungen und Prinzipien, die das tägliche Handeln und die Kultur einer Organisation leiten (Hungenberg & Wulf, 2021, S. 243–244). Sie bilden den Kompass für Entscheidungen und das Verhalten aller Mitarbeitenden untereinander sowie gegenüber Kunden und Partnern. Im Kontext von OKRs stellen die Werte sicher, dass nicht nur die Was-Frage (die Ziele), sondern auch die Wie-Frage (die Art und Weise der Zielerreichung) im Einklang mit der Identität des Unternehmens steht (Lobacher & Jacob, 2020, S. 75–76).

Unternehmensleitbild Vision und Mission werden zusammen mit den Unternehmenswerten in einem schriftlichen Leitbild festgehalten (Doetsch, 2014, S. 8; Lobacher & Jacob, 2020, S. 75–76). Das Leitbild dient dazu, Klarheit und einen gemeinsamen Handlungsrahmen zu schaffen. Es stärkt die Identifikation der Mitarbeitenden mit dem Unternehmen und zeigt den Sinn und Zweck ihrer Arbeit auf.

Strategie Im Unterschied zu Vision und Mission bezeichnet die Strategie das langfristige Verhalten eines Unternehmens, um seine Ziele zu erreichen (Hungenberg & Wulf, 2021, S. 99–100). Die Festlegung der Strategie basiert auf der Unternehmensvision. Wichtig ist, dass die Unternehmensziele aus der Strategie abgeleitet werden und nicht umgekehrt (Kudernatsch, 2022, S. 19).

Moals Der Begriff Moals bezieht sich auf die mittelfristigen Ziele. Sie bilden eine Brücke zwischen der langfristigen Strategie und den kurzfristigen OKRs (Lobacher & Jacob, 2020, S. 104). Sie sind typischerweise auf einen Zeitraum von ein bis drei Jahren ausgerichtet und helfen, die OKRs gezielt an der Strategie auszurichten (Kudernatsch, 2022, S. 50; Lobacher & Jacob, 2020, S. 77; Rieger & Luge, 2024, S. 564). Es wird empfohlen, diese mittelfristigen Ziele auf maximal drei zu begrenzen, um eine strategische Fokussierung zu gewährleisten (Lobacher & Jacob, 2020, S. 104). Dies sorgt für eine klare Orientierung und verhindert ein „zielloses Herumirren".

Herausfordernde Ziele Grundsätzlich ist es empfehlenswert, auch, aber nicht nur, herausfordernde Ziele zu setzen (Lobacher & Jacob, 2020, S. 121). Herausfordernde Ziele, auch Stretch Goals oder Durchbruchsziele genannt, motivieren Organisationen, ihre Perspektive zu erweitern („über den Tellerrand schauen") und innovative Ansätze zu verfolgen (Doerr, 2018, S. 134; Kudernatsch, 2022, S. 51). Das Topmanagement identifiziert sich oft stark mit diesen Durchbruchszielen, da sie eine tiefgreifende Veränderung und Innovation im Unternehmen anstreben (Doerr, 2018, S. 181; Kudernatsch, 2022, S. 53).

2.4.2 Elemente

OKRs bestehen, wie schon beschrieben, aus zwei Hauptkomponenten: den Zielen (Objectives) und den Schlüsselergebnissen (Key Results). Diese Komponenten sind ein integraler Bestandteil der OKR-Managementmethode und spielen eine zentrale Rolle bei der Steuerung und Messung des Unternehmenserfolgs.

Objectives Das Objective ist ein qualitatives Ziel, das inspirierend und motivierend formuliert sein sollte. Es beschreibt, was erreicht werden soll, ohne konkrete Messwerte oder Kennzahlen zu nennen (Doerr, 2018, S. 22). Objectives geben die Richtung vor und sollen Mitarbeitende und Teams anspornen, über den Tellerrand hinaus zu blicken und Bestleistungen zu erbringen (Kudernatsch, 2022, S. 61).

Key Results Im Unterschied zu den Objectives sind die Key Results oder Schlüsselergebnisse quantitativ und messbar. Sie stellen sicher, dass das gesetzte Objective tatsächlich erreicht wird und legen fest, wie der Erfolg gemessen wird (Engelhardt & Möller, 2017, S. 31). Ein effektives Key Result ist klar definiert, hat einen Ausgangswert, einen Zielwert und einen Zeitrahmen für die Erreichung (Doerr, 2018, S. 22). Es ist darauf zu achten, dass Key Results nicht als Aufgaben oder Maßnahmen interpretiert werden ("Output"), sondern als Indikatoren für den Fortschritt in Richtung der Zielerreichung ("Outcome").

Die Beziehung zwischen Objectives und Key Results ist symbiotisch. Während das Objective die Vision und Motivation liefert, bieten die Key Results den klaren Rahmen und die Metriken, um den Fortschritt zu überwachen und den Erfolg zu bewerten (Lobacher & Jacob, 2020, S. 115–121). Ein gut formuliertes Objective ohne klare Key Results kann zu Unklarheit führen und das Team könnte Schwierigkeiten haben, seine Bemühungen in die richtige Richtung zu lenken. Umgekehrt könnten klar definierte Key Results ohne ein inspirierendes Objective den Teamgeist und die

Innovation untergraben, da sie zu mechanisch oder zu eng fokussiert erscheinen (Strasser et al., 2020, S. 11).

2.4.3 Ebenen

Organisationsebenen
Die Implementierung der OKR-Managementmethode in Organisationen erfordert eine klare Planungsstruktur. Das Planning am Anfang eines jeden Zyklus definiert die OKRs für die jeweiligen Organisationsebenen des Unternehmens. Während eindeutige Meinungen in der Literatur über die genauen zu berücksichtigenden Organisationsebenen variieren, sind typischerweise die Unternehmensebene, Bereichs−/Abteilungs-/Teamebene sowie die Mitarbeiterebene involviert (Engelhardt & Möller, 2017, S. 33; Kollmann, 2020, S. 127; Lobacher & Jacob, 2020, S. 146; Strasser et al., 2020, S. 6).

Unternehmensebene Die Unternehmensebene repräsentiert die strategischen Ziele des gesamten Unternehmens. Insbesondere kann die Definition von OKRs ausschließlich auf dieser Ebene stehen, um die primären Unternehmensziele zu kommunizieren (Doerr, 2018, S. 98; Kudernatsch, 2022, S. 178).

Bereichs−/Abteilungs-/Teamebene Auf dieser Ebene werden die über-geordneten Unternehmens-OKRs in spezifische, taktische und operative Ziele für die jeweiligen Organisationseinheiten übersetzt (Fangmeier & Koch, 2024, S. 195; Grieb et al., 2024, S. 58). Sie umfasst typischerweise Bereiche, Abteilungen oder Teams. Dabei ist es unerheblich, ob es sich um klassische Linienabteilungen oder um agil und weisungsunabhängig agierende Teams handelt. Entscheidend ist viel-mehr die Bündelung von Aufgaben zur Erreichung gemeinsamer Ziele (Lobacher & Jacob, 2020, S. 252).

Mitarbeiterebene Diese Ebene fokussiert auf die individuellen OKRs einzelner Mitarbeitenden, die deren persönlichen Beitrag zum Unternehmenserfolg abbil-den. In der Organisationslehre entspricht dies der kleinsten Einheit, der sogenann-ten „Stelle" (Schreyögg & Geiger, 2016, S. 38). Es ist jedoch wichtig zu betonen, dass individuelle OKRs nicht auf Mitarbeitende ohne Führungsverantwortung be-schränkt sind. Auch Führungskräfte können persönliche OKRs definieren, die ihren spezifischen Beitrag jenseits der reinen Teamführung widerspiegeln (Doerr, 2018, S. 57; Rieger & Luge, 2024, S. 575).

Alignment

Ein zentrales Konzept in der OKR-Managementmethode ist das *Alignment* (Doerr, 2018, S. 84). Dies beinhaltet sowohl eine vertikale Ausrichtung (Lobacher & Jacob, 2020, S. 148) – die Anpassung von OKRs an den Zielen höherer Organisationsebenen – als auch eine horizontale Ausrichtung (Lobacher & Jacob, 2020, S. 149), die eine Abstimmung von Zielen auf der gleichen Organisationsebene ermöglicht. Dieses Alignment fördert die Zusammenarbeit, indem es sicherstellt, dass Bereiche, Abteilungen und Teams nicht isoliert voneinander arbeiten. Es hilft auch, Zielkonflikte zu lösen und Ressourcenengpässe zu koordinieren (Kudernatsch, 2022, S. 5, 28).

Die Literatur bietet hierbei vor allem einen eher hierarchischen Ansatz an (Creusen et al., 2017, S. 78; Landmann et al., 2021, S. 4; Vohl, 2017, S. 183). Dabei werden die OKRs in der obersten Unternehmensebene definiert und dienen als Grundlage für alle nachfolgenden Ebenen. Die Ausrichtung muss dabei aber nicht streng kaskadierend sein (Doerr, 2018, S. 94; Kudernatsch, 2022, S. 91). Stattdessen könnten OKRs auch an anderen übergeordneten Zielen oder sogar nur am Unternehmensleitbild ausgerichtet sein (Lobacher & Jacob, 2020, S. 117).

Es zeigt sich also, dass sich OKRs sehr gut in eine hierarchische Organisationsstruktur integrieren lassen. Aber auch im horizontalen Alignment können sie ihren Wert beweisen, indem sie beispielsweise Zielkonflikte und Ressourcenengpässe berücksichtigen.

Kudernatsch (2022, S. 100) bringt noch eine weitere Perspektive ins Spiel: OKRs könnten auch außerhalb einer klaren Hierarchie definiert werden, sodass sie Beiträge zu anderen OKRs in anderen Abteilungen oder sogar Teams leisten können. Dieser Ansatz erlaubt eine flexiblere, netzwerkbasierte Ausrichtung der OKRs.

2.4.4 Events

Innerhalb der OKR-Managementmethode gibt es verschiedene Aktivitäten, sogenannte *Events,* mit denen die Methode umgesetzt wird (Lobacher & Jacob, 2020, S. 139). Diese Aktivitäten zielen darauf ab, den Teams und den Einzelpersonen, die die OKR-Managementmethode nutzen, Kontinuität, Überprüfung und Anpassung zu bieten. Es handelt sich dabei um das Planning, das Weekly, das Review sowie die Retrospektive.

Planning Das Planning bezeichnet den Prozess zu Beginn des OKR-Zyklus, in dem die Objectives und Key Results für die kommende Periode festgelegt werden

(Lobacher & Jacob, 2020, S. 139). Diese Phase ist entscheidend, da hier die strategischen Ziele für das Quartal oder das Jahr definiert werden (Engelhardt & Möller, 2017, S. 32). Während dieser Phase arbeiten Teams und Einzelpersonen gemeinsam, um ihre Ziele und die entsprechenden Key Results festzulegen, die den Fortschritt in Richtung dieser Ziele messen (Lobacher & Jacob, 2020, S. 252).

Weekly Das Weekly ist ein wöchentliches Meeting, das durchgeführt wird, um eine nachhaltige Umsetzung der OKRs zu fördern und zu gewährleisten, dass diese nicht in Vergessenheit geraten (Lobacher & Jacob, 2020, S. 141). Zudem verdeutlicht dieser Regeltermin die nachhaltige Verankerung der OKR-Managementmethode in die Unternehmenskultur. Das Weekly hat einen informativen Charakter und dient zur Besprechung des aktuellen Fortschritts der OKRs (Rieger & Luge, 2024, S. 565). Der Fortschritt wird sichtbar, indem die Key Results während des Zyklus gemessen und anhand einer Bewertungsskala beurteilt werden (Engelhardt & Möller, 2017, S. 31; Helmold, 2023, S. 129). Können die Werte für die Key Results nicht während des Zyklus gemessen werden, sollte der Fortschritt ausnahmsweise subjektiv eingeschätzt werden (Kudernatsch, 2022, S. 79). Neben der Besprechung des Fortschritts der OKRs bietet das Weekly die Gelegenheit, potenzielle Probleme zu identifizieren und über die Priorisierung der Aufgaben zu diskutieren (Rieger & Luge, 2024, S. 565).

Review Das Review am Ende des Zyklus bestimmt, ob die Ziele auf den verschiedenen Organisationsebenen erreicht wurden (Lobacher & Jacob, 2020, S. 141). Die Teams oder Einzelpersonen ermitteln den Grad ihrer Zielerreichung entsprechend der Bewertungsskala. Eine Unterscheidung zwischen objektiver und subjektiver Bewertung der Key Results ist entscheidend. Der durchschnittliche Wert der Key Results bestimmt die Bewertung des Objectives (Doerr, 2018, S. 119). Intensive Diskussionen über die erzielten Ergebnisse sollen einen Lerneffekt bewirken. Eine geringe Zielerreichung kann Anpassungen des Objectives erfordern (Doerr, 2018, S. 118, 122).

Retrospektive Die Retrospektive schließt den aktuellen OKR-Zyklus ab (Lobacher & Jacob, 2020, S. 142). Hier liegt der Schwerpunkt auf dem OKR-Prozess und der Zusammenarbeit (Kudernatsch, 2022, S. 158). Positive und negative Erfahrungen mit dem OKR-Prozess werden reflektiert, und auf dieser Basis werden Verbesserungsvorschläge erarbeitet (Strasser et al., 2020, S. 10). Es gibt verschiedene Ansätze zur Gestaltung der Retrospektive, aber der Hauptfokus sollte immer auf der Verbesserung des OKR-Prozesses und der Zusammenarbeit der Teams liegen (Landmann et al., 2021, S. 11).

2.4.5 Rollen und Verantwortlichkeiten

Die erfolgreiche Implementierung der OKR-Managementmethode in einer Organisation ist nicht nur eine Frage der Methodik, sondern auch der Struktur und des Engagements (Lobacher & Jacob, 2020, S. 217–220). Die Unterstützung des obersten Managements ist unerlässlich für die erfolgreiche Einführung von OKRs, doch allein damit ist es nicht getan (Doerr, 2018, S. 236). Eine zentrale Rolle, die die Umsetzung begleitet, ist ebenso essenziell. Diese zentrale Rolle wird häufig als *OKR-Master* bezeichnet (Lobacher & Jacob, 2020, S. 144–145), eine Bezeichnung, die aus der Ähnlichkeit zur Rolle des *Scrum-Masters* entstanden ist (Lobacher & Jacob, 2020, S. 161).

Interessanterweise hat sich in einigen Organisationen aufgrund der vielfältigen Anforderungen an den/die OKR-Master ein Netzwerk aus OKR-Mastern etabliert, die gemeinschaftlich agieren (Lobacher & Jacob, 2020, S. 106). Der/die OKR-Master ist nicht nur Experte/-in für die OKR-Managementmethode, sondern nimmt auch die Rolle eines/einer Moderators/Moderatorin und Mentors/Mentorin in den verschiedenen Events des OKR-Prozesses ein (Strasser et al., 2020, S. 5). Sein/ihr Ansatz ist dabei häufig passiv: Er/sie unterstützt Teams in ihren agilen Erlebnissen und Ideen und ermöglicht es ihnen, ihren eigenen Weg zur Lösung zu finden (Lobacher & Jacob, 2020, S. 106). Zudem gewährleistet er/sie, dass äußere Einflüsse die Teams nicht stören und sie ungestört und konzentriert an ihren Aufgaben arbeiten können (Lobacher & Jacob, 2020, S. 107). Sein/ihr Blick für notwendige strukturelle Veränderungen innerhalb der Organisation ist ebenso entscheidend für den Erfolg des OKR-Prozesses (Lobacher & Jacob, 2020, S. 107).

2.4.6 Artefakte

Das zentrale Artefakt in der OKR-Managementmethode ist die *OKR-Liste* (Lobacher & Jacob, 2020, S. 105), auch *OKR-Set* genannt (Strasser et al., 2020, S. 6). Nach der Definition der OKRs im Planning wird diese Liste erstellt und publiziert. Es ist entscheidend, dass die OKR-Liste im gesamten Unternehmen transparent und ohne jegliche Zugriffsbeschränkungen verfügbar ist (Strasser et al., 2020, S. 11). Dabei fungiert sie nicht nur als klares Zeugnis der Unternehmensprioritäten, sondern auch als Instrument, um die Fokusthemen anderer Teams zu verstehen (Doerr, 2018, S. 92; Strasser et al., 2020, S. 4).

Die universelle Zugänglichkeit der OKR-Liste unterstützt dabei, potenzielle Zielkonflikte zu identifizieren und Synergieeffekte zu erkennen, was die Zusammenarbeit und Zielharmonisierung innerhalb des Unternehmens fördert (Fangmeier

& Koch, 2024, S. 200; Lobacher & Jacob, 2020, S. 105). Weiterhin ist die Aktualität der OKR-Liste von zentraler Bedeutung, damit stets der aktuelle Stand der Zielerreichung transparent ist (Lobacher & Jacob, 2020, S. 105). Sie bietet somit einen fortwährenden Gesamtüberblick über die unternehmensweiten OKRs (Strasser et al., 2020, S. 11).

3.1 Formulierung von Objectives und Key Results

Die strategischen Ziele, die aus dem Leitbild mit den Werten, der Mission und der Vision des Unternehmens abgeleitet werden, bilden die Basis für die operative Umsetzung mithilfe der OKR-Managementmethode. Sie müssen über das gesamte Unternehmen hinweg klar kommuniziert werden. Insbesondere das „Warum" und das „Was" sollte jedem verständlich sein, um demnach fundierte Entscheidungen zu treffen, sich auf Wesentliches zu fokussieren und eine gemeinsame Ausrichtung zu verfolgen (Doerr, 2018, S. 57). Nach dieser Vorarbeit folgt die Formulierung von OKRs. In der Praxis stellt sich dieser Schritt oftmals als herausfordernd dar. In der Regel entstehen OKRs aus der gemeinsamen Diskussion in Teams. Dieser Diskussionsstand muss schriftlich fixiert und für das Team und Außenstehende im Unternehmen verständlich sein. Interpretationsspielräume und Missverständnisse bei der schriftlichen Formulierung von OKRs können zu erneuten Diskussionen während des OKR-Zyklus, Zeitverschwendungen und im schlimmsten Fall zu Zielverfehlungen führen.

3.1.1 Merkmale gut formulierter Objectives

Um die OKR-Managementmethode als motivierendes Führungswerkzeug einsetzen zu können, ist es daher ratsam, sich an die Grundprinzipien (siehe Abschn. 2.3) und einige simple Regeln zur Formulierung von OKRs zu halten. Nachfolgend stellen wir Ihnen 15 Merkmale vor (Strasser et al., 2020), die mithilfe von Prüffragen zur Qualitätssicherung eingesetzt werden können. Fünf dieser Merkmale

© Der/die Autor(en), exklusiv lizenziert an Springer Fachmedien Wiesbaden GmbH, ein Teil von Springer Nature 2025
M. Westner, A. Strasser, *Objectives and Key Results verstehen und anwenden*, essentials, https://doi.org/10.1007/978-3-658-50382-6_3

Tab. 3.1 Gemeinsame Qualitätsmerkmale von Objectives und Key Results

Merkmale gut formulierter Objectives und Key Results	Prüffragen	Quellen
Einfach und klar	Ist das Objective inklusive seiner Key Results mit einfachen Worten verständlich ohne Ausschweifungen formuliert?	(Lobacher & Jacob, 2020, S. 118; Niven & Lamorte, 2016, S. 68)
Zeitgebunden	Ist das definierte Objective mit seinen Key Results für die Erreichung innerhalb eines Zeitraums von z. B. drei Monaten definiert?	(Doerr, 2018, S. 22; Kudernatsch, 2022, S. 59; Lobacher & Jacob, 2020, S. 117, 120; Niven & Lamorte, 2016, S. 65)
Verbindlich vs. erstrebenswert/ ambitioniert	Liegt ein guter Mix aus zwingend erfüllbaren und mutigen und damit risikoträchtigeren Zielen vor?	(Doerr, 2018, S. 131; Engelhardt & Möller, 2017, S. 31; Kudernatsch, 2022, S. 62; Lobacher & Jacob, 2020, S. 121; Niven & Lamorte, 2016, S. 71)
Positiv	Wurde eine positive Formulierung gewählt?	(Lobacher & Jacob, 2020, S. 118; Niven & Lamorte, 2016, S. 66, 74)
Bedeutend	Bringt die Erreichung des Ziels für das Unternehmen einen messbaren Mehrwert (business value)?	(Doerr, 2018, S. 22; Niven & Lamorte, 2016, S. 64)

(siehe Tab. 3.1) umfassen gemeinsame Merkmale, die das Objective und seine Key Results betreffen. Um die jeweiligen Prüffragen beantworten zu können, sollte jedes Objective zusammen mit den dazugehörigen Key Results betrachtet werden. Weitere drei Merkmale (siehe Tab. 3.2) fokussieren spezielle Merkmale von Objectives. Die restlichen sieben Merkmale (siehe Tab. 3.3) fokussieren spezielle Merkmale von Key Results.

Einfach und klar Nutzen Sie eine einfache Sprache, die jeder versteht und konkretisieren Sie, was erreicht werden soll (Niven & Lamorte, 2016, S. 68). Weiterführende Informationen können zusätzlich in einer, möglichst ebenso prägnanten, Zielbeschreibung ergänzt werden. Das Ziel ist es, mit einem prägnanten Hauptsatz auszukommen.

Tab. 3.2 Spezifische Qualitätsmerkmale von Objectives

Merkmale gut formulierter Objectives	Prüffragen	Quellen
Qualitativ	Sind sie definiert als das „Was", es in dem folgenden Quartal zu erreichen gilt?	(Engelhardt & Möller, 2017, S. 31; Kudernatsch, 2022, S. 59; Niven & Lamorte, 2016, S. 64)
Aktivierend bzw. aktionsorientiert	Ist das Objective aktiv formuliert und zeigt die Veränderung, die bei der Erreichung entsteht, direkt an?	(Doerr, 2018, S. 22; Lobacher & Jacob, 2020, S. 118)
Inspirierend	Inspiriert das Objective dazu, Dinge (andersartig) anzugehen und Lösungen zu finden?	(Doerr, 2018, S. 22; Engelhardt & Möller, 2017, S. 35; Kudernatsch, 2022, S. 61; Lobacher & Jacob, 2020, S. 99; Niven & Lamorte, 2016, S. 62)

Zeitgebunden Objectives und ihre Key Results sollten auf eine feste Zeitdauer von z. B. drei Monaten ausgelegt werden. Danach werden neue Objectives definiert (Kudernatsch, 2022, S. 60). Am besten lässt sich die Zeitdauer gemeinsam mit allen dazugehörigen Key Results abschätzen.

Verbindlich vs. erstrebenswert/ambitioniert Es gibt zwei Varianten von OKRs und es ist wichtig, zwischen ihnen zu differenzieren. Verbindliche OKRs zielen auf eine 100-prozentige Erreichung ab. Eine geringere Zielerreichung führt zu einer Verschlechterung, z. B. bezogen auf die Liefertreue und Verfügbarkeit (Kudernatsch, 2022, S. 61–62). Der Erwartungswert für ein verbindliches OKR ist demnach 1,0. Ein Wert unter 1,0 verlangt nach einer Erklärung für das Verfehlen und zeigt Fehler in der Planung und/oder Umsetzung an (Doerr, 2018, S. 227). Erstrebenswerte bzw. ambitionierte Ziele fokussieren hingegen auf risikoträchtige oder disruptive Ideen zum Überdenken bisheriger Strukturen und Prozesse. Wenn Sie sich sicher sind, das Ziel zu erreichen, ist es nicht ambitioniert genug. Mehr noch, das Ziel sollte sich unbequem anfühlen. Ambitionierte Ziele führen zu besserer Leistung als einfach erreichbare Ziele. Die Nichterreichung von ambitionierten Zielen, mit einer Durchschnittsquote von 40 %, ist Teil von Googles Geschäft. Diese OKR-Variante hat einen Erwartungswert von 0,7 mit hoher Varianz (Doerr, 2018, S. 227). Die relative Gewichtung dieser beiden Varianten ist durchaus herausfordernd und variiert von Organisation zu Organisation und von Quartal zu Quartal. Eine regelmäßige Abwägung ist erforderlich: Soll eher agil und gewagt

Tab. 3.3 Spezifische Qualitätsmerkmale von Key Results

Merkmale gut formulierter Key Results	Prüffragen	Quellen
Quantitativ	Ist das Key Result eine Detaillierung des Objectives?	(Doerr, 2018, S. 22; Engelhardt & Möller, 2017, S. 31; Kudernatsch, 2022, S. 63; Niven & Lamorte, 2016, S. 69)
Mess- und überprüfbar	Kann der Fortschritt während des Quartals und die Erreichung am Ende des Quartals überprüft werden?	(Doerr, 2018, S. 22; Engelhardt & Möller, 2017, S. 31; Kudernatsch, 2022, S. 63–64; Lobacher & Jacob, 2020, S. 119; Niven & Lamorte, 2016, S. 70)
In Verantwortung	Wurde das Key Result selbst definiert, nicht „top-down" weitergegeben? Ist ein Lead zugeordnet, der sich im Team befindet?	(Lobacher & Jacob, 2020, S. 121; Niven & Lamorte, 2016, S. 72)
Vertikal und horizontal abgestimmt	Sind die Key Results vertikal innerhalb des Teams und der Führungsmannschaft und horizontal zu abhängigen Teams abgestimmt?	(Niven & Lamorte, 2016, S. 73)
Fördern das richtige Verhalten	Wird durch das Key Result das richtige Verhalten für das Unternehmen gefördert?	(Niven & Lamorte, 2016, S. 73)
Spezifisch	Ist das Key Result möglichst konkret beschrieben?	(Doerr, 2018, S. 22; Lobacher & Jacob, 2020, S. 120; Niven & Lamorte, 2016, S. 71)
Untereinander unabhängig	Sind die Key Results untereinander unabhängig?	(Strasser et al., 2020, S. 14)

agiert werden, um z. B. einen neuen Markt zu erobern, oder eher konservativ und effizient, um die derzeitige Position am Markt zu festigen? (Doerr, 2018, S. 131). Je nach Entscheidung verändert sich das Verhältnis der jeweiligen OKR-Varianten.

Positiv Ein positiv formuliertes OKR wirkt deutlich stärker als ein negativ formuliertes. So lässt sich aus „Fehltage reduzieren um 10 %" beispielsweise „produktive Tage erhöhen auf 88 %" einfach umformulieren. Häufig kann das Reframing (die Umdeutung) als Methode aus der systemischen Psychologie bzw. aus der neurolinguistischen Programmierung zur positiven Formulierung genutzt werden.

Die positive Formulierung führt dazu, dass das Objective mit einer deutlich höheren Motivation erreicht wird (Lobacher & Jacob, 2020, S. 118).

Bedeutend Das Arbeiten an OKRs erfordert Zeit und damit kostbare Ressourcen des Unternehmens. Diese Investition sollte nur getätigt werden, wenn ein erkennbarer Beitrag und damit Mehrwert zur Erreichung der strategischen Ziele erzielbar ist (Niven & Lamorte, 2016, S. 64).

Qualitativ Objectives werden mithilfe von Verben und Adjektiven als Satz zur Formulierung qualitativer Aspekte beschrieben. Demnach definieren sie, „was" erreicht werden soll. Die Konkretisierung quantitativer Aspekte folgt mittels Key Results.

Aktivierend bzw. aktionsorientiert Ein Objective bildet niemals den Status Quo *(run the business),* sondern immer die Veränderung *(change the business)* in Richtung einer Vision ab. Es sollte daher zu einem aktiven Verhalten anregen, aus dem eine sichtbare Veränderung resultiert (Lobacher & Jacob, 2020, S. 118). Ein kritischer Blick auf die verwendeten Verben kann zur Beurteilung hilfreich sein.

Inspirierend Objectives sollten so formuliert sein, dass man dazu inspiriert wird, das Ziel mit großen Schritten erreichen zu wollen und nicht nur härter zu arbeiten, um ein paar Prozent mehr bezogen auf den Status Quo herauszuholen (Niven & Lamorte, 2016, S. 63). Es geht daher nicht um eine schrittweise Optimierung des Status Quo, sondern vielmehr um neue Denk- und Herangehensweisen, um die großen Probleme zu lösen und hochgesteckte Ziele zu erreichen.

Quantitativ Key Results geben einen Maßstab vor und konkretisieren mittels messbarer Werte, „Wie" das jeweilige Objektive erreicht wird (Doerr, 2018, S. 22).

Mess- und überprüfbar Die Arbeit an bedeutenden Themen, die messbar voran gehen, motiviert und entfacht Kräfte. Jedes Key Result muss anhand konkreter Kennzahlen messbar beschrieben werden und den Fortschritt in Richtung des Objectives anzeigen (Lobacher & Jacob, 2020, S. 99). Zudem sollte sich aus der

Messung Feedback zur kontinuierlichen Verbesserung ableiten lassen. Auf höheren Steuerungsebenen haben sich prozentuale Kennzahlen bewährt, während auf operativer Ebene absolute Kennzahlen sinnvoll sind (Kudernatsch, 2022, S. 63).

In Verantwortung Die Verantwortung zur Definition von Key Results liegt beim Team. Key Results werden besonders von denen akzeptiert, die sie als Verantwortlicher „besitzen". Das Key Result wird demnach final von dem Team verabschiedet, das es anschließend auch umsetzt (Lobacher & Jacob, 2020, S. 121). In der Praxis hat es sich zudem bewährt, zu jedem Key Result einen Verantwortlichen (Lead) aus dem Team zu definieren.

Vertikal und horizontal abgestimmt Key Results sind erst dann final formuliert, wenn sie vertikal und horizontal abgestimmt sind. Vertikal innerhalb des Teams und zur Führungsebene und horizontal zu Teams, zu denen eine Abhängigkeit besteht (Niven & Lamorte, 2016, S. 73). Sogenannte *Alignment-Rituale,* an denen alle Teams zusammenkommen, ihre Key Results vorstellen und ggf. anpassen sowie sich final *committen,* können in der Praxis hilfreich sein.

Fördern das richtige Verhalten Dieses Merkmal klingt auf den ersten Blick ggf. befremdlich, deren Beachtung ist jedoch nicht trivial. Der Ausspruch *„You get what you measure"* trifft hier zu: Nach der Definition von Key Results liegt der Fokus auf der Erreichung der definierten Werte. Demnach wird das entsprechende Verhalten ausgerichtet. Eine kritische Prüfung der Key Results und deren mögliches Verhalten, das zur Umsetzung erzeugt wird, kann sehr hilfreich sein und großen Schaden abwenden (Niven & Lamorte, 2016, S. 73).

Spezifisch Key Results umfassen konkrete zu erreichende quantitative Resultate und keine Aktivitäten bzw. zu erledigende Aufgaben. Sobald Key Results Wörter wie „beraten", „helfen", „analysieren" oder „teilnehmen" beinhalten, beschreiben sie Aktivitäten. Stattdessen sollte die Wirkung dieser Aktivitäten auf den Endbenutzer beschrieben werden (Doerr, 2018, S. 226). Wird im laufenden OKR-Zyklus und/oder im Review über den Erreichungsgrad von Key Results diskutiert, so ist dies ein deutliches Indiz dafür, dass sie nicht spezifisch genug formuliert wurden.

Untereinander unabhängig Alle formulierten Key Results, die zum jeweiligen Objective gehören, sollten keine Abhängigkeiten untereinander haben. Eine Abhängigkeit erhöht die Komplexität und somit das Risiko einer Nichterreichung (Strasser et al., 2020, S. 14).

3.1.2 Vorgehensmuster zur Formulierung von OKRs

In der Praxis hat sich zur Beschreibung von Anforderungen im agilen Kontext die *User Story* bewährt. Als Konzept geht die User Story auf das Entwicklungsmodell *Extreme Programming (XP)* von Kent Beck, Ward Cunningham und Ron Jeffries zurück (Beck, 2000). Im Zuge dessen wurden auch die 3 C's eingeführt: *Cards, Conversation* und *Confirmation*. Eine Karte bildet die Grundlage für eine Konversation. Entsprechende Akzeptanzkriterien werden formuliert, um sicherzustellen, dass die beschriebene Anforderung erfüllt wird (Jeffries, 2001). User Stories werden demnach in einem einzigen Satz auf einer Karte beschrieben und durch Akzeptanzkriterien konkretisiert. Für die Beschreibung von User Stories hat sich das folgende Muster bewährt (Cohn, 2004, S. 81):

Als <Benutzerrolle> möchte ich <das Ziel>, um <Grund für das Ziel/Nutzen>

Das Muster enthält drei Platzhalter. Der erste Platzhalter wird durch die entsprechende Rolle ersetzt, aus deren Sicht die User Story formuliert wird. Der zweite Platzhalter enthält das Ziel und drückt damit den Kern der Anforderung aus. Der Nutzen hinter der Anforderung wird im dritten Platzhalter eingetragen (Wirdemann, 2011, S. 59).

Was hat dies nun mit OKRs zu tun? Das Muster kann gleichermaßen sinnvoll zur Formulierung von OKRs eingesetzt werden. Es bietet den Vorteil, dass dadurch bestimmte Merkmale zur Formulierung gleich im Blick behalten werden. Der erste und der dritte Platzhalter klären die Frage „Wem bringt das Ziel was?". Das Merkmal „bedeutend" wird adressiert und der dahinterstehende Mehrwert thematisiert. Ist der Mehrwert für das Unternehmen nicht klar ersichtlich oder eindeutig formulierbar, so sollte das gesamte Ziel nicht umgesetzt werden. Die Benutzerrollen können zu Beginn definiert und anschließend pro Objective ausgewählt werden.

Der mittlere Platzhalter adressiert das „Was" erreicht werden soll. In diesen Platzhalter wird mit wenigen Worten das Objective ergänzt. Die Merkmale „qualitativ" und „einfach und klar" werden direkt durch die Anwendung des Musters adressiert. Weitere Merkmale, wie aktivierend, positiv und inspirierend, können als Qualitätsmerkmale zum Platzhalter ergänzt und damit bei der Formulierung direkt bedacht werden.

Alle anderen Merkmale beziehen sich auf Key Results oder sind nur bewertbar bei Betrachtung des Objectives inklusive ihrer Key Results. Letztendlich kann die Anwendung dieses Musters hilfreich sein, um schneller in die Formulierung von Objectives einzusteigen und dabei gleichzeitig wichtige Qualitätsmerkmale zu beachten.

3.1.3 Messen von OKRs

Die Formulierung von klaren, messbaren Key Results stellt in der Praxis eine große Herausforderung dar. Ein Grund dafür ist das Fehlen praktischer Leitlinien zur Formulierung quantifizierbarer Key Results aus qualitativen Objectives (Stray et al., 2022, S. 4–5; Trinkenreich et al., 2019, S. 108–109). Ohne konkrete Leitlinien und fehlender Erfahrung in der Formulierung von Key Results ist zu beobachten, dass sie häufig entweder binär sind (erledigt oder nicht erledigt) oder sich auf der falschen Abstraktionsebene befinden. Letzteres bedeutet, dass sie in Wirklichkeit kein messbares Key Result sind, sondern eine Aktivität oder Maßnahme darstellen (Stray et al., 2022, S. 3–4). Beides ist kritisch, denn dadurch kann sowohl während als auch am Ende eines OKR-Zyklus keine sinnvolle, messbare Bewertung zur Zielerreichung inklusive der Ableitung von entsprechenden Maßnahmen erfolgen.

Eine einfache Art zur Bewertung eines Objectives ist die Berechnung des Durchschnitts der prozentualen Erreichung der dazugehörigen Key Results. Google verwendet für ihre ambitionierten Ziele eine Skala von 0 bis 1,0 (Doerr, 2018, S. 119):

- 0,7 bis 1,0 = grün (Wir haben geliefert)
- 0,4 bis 0,6 = gelb (Wir haben Fortschritte gemacht, aber das Ziel nicht erreicht)
- 0,0 bis 0,3 = rot (Wir sind daran gescheitert, wirklichen Fortschritt zu machen)

Die Mindestanforderung von 0,7 für eine erfolgreiche Umsetzung verdeutlicht Googles hohe Ambitionen. Für die verbindlichen, operativen Ziele gilt nur ein Ergebnis von 1,0 als Erfolg (Doerr, 2018, S. 119). Eine Skala mit ähnlichen Werten, die unterschiedlich interpretiert wird, schlagen Niven & Lamorte (2016, S. 82) vor:

- 1,0: Extrem ambitioniertes Ziel, fühlt sich nahezu unmöglich bzw. sehr hart in der Erreichung an

- 0,7: Wir hoffen diesen Wert zu erreichen; schwer erreichbar
- 0,3: Wir wissen aktuell, dass wir diesen Wert erreichen können. Bedarf weniger oder keiner Unterstützung anderer Teams
- 0,0 Kein Fortschritt

Die beiden Skalen dienen der Inspiration und sollten auf den Unternehmenskontext individuell angepasst werden. Wichtig ist, dass eine Skala definiert und offen kommuniziert wird, um die Erwartungshaltung klar zu formulieren. Beiden Skalen ist gemein, dass sie mit sogenannten „Stretch Goals" arbeiten, D. h. mithilfe von ambitionierten Zielen dazu verleiten sollen, nicht 10 % besser, sondern zehnmal besser als bisher zu sein. Das Credo „10× Thinking" oder auch „Moonshot Thinking" von Google führt oftmals zu gänzlich neuen Lösungsansätzen (Mooncamp, 2021). Dies erfordert die regelmäßige Definition von sehr ambitionierten Zielen unter bewusster Inkaufnahme des Scheiterns. So stellen sich Google-Mitarbeitende regelmäßig Fragen wie „Welche radikalen, riskanten Aktivitäten müssen wir in Betracht ziehen? Was müssen wir aufhören zu tun? Wo können wir Ressourcen verschieben oder neue Partner finden?". Durch diese Herangehensweise gelingt es Google immer wieder, einen erheblichen Anteil dieser ambitionierten Ziele zu erreichen (Doerr, 2018, S. 135).

Obwohl Googles Erfahrungswerte mit Stretch Goals positiv sind, gibt es auch einige Kritikpunkte daran (Lobacher & Jacob, 2020, S. 130; Sitkin et al., 2017). Ein wesentlicher Kritikpunkt ist, dass nur wenige Organisationen Stretch Goals verwenden können. Dies liegt daran, dass sie nicht annähernd so umfangreiche Ressourcen besitzen, um die Gefahr des Scheiterns sehr ambitionierter Ziele zulassen zu können. Zudem sind Stretch Goals von der Unternehmenskultur abhängig. Lobacher & Jacob (2020, S. 247) benennen drei Voraussetzungen zum Arbeiten mit Stretch Goals:

1. Eine Kultur, die mit oftmaligem Scheitern gut umgehen kann,
2. einen außergewöhnlichen Erfolg und
3. ausreichend freie Ressourcen.

Diese Voraussetzungen treffen vermutlich auf äußerst wenig Unternehmen zu. Das Ambitionslevel sollte daher mit Bedacht gewählt werden. Zudem sollte ein ausgewogener Mix aus verbindlichen und ambitionierten Zielen gesetzt werden, der zum Leitbild des Unternehmens passt und wirtschaftlichen Kriterien genügt.

Je ambitionierter das OKR ist, desto größer ist zudem das damit verbundene Risiko, wesentliche Kriterien zu übersehen. So schlägt Doerr (2018, S. 60) zur Qualitätssicherung und gleichzeitigen Erreichung quantitativer Ergebnisse vor, Key

Results zur Quantität und Qualität zu koppeln. Das quantitative Ziel „Zehn Verkaufsgespräche führen" könnte beispielsweise mit „Zwei neue Bestellungen anlegen" gekoppelt werden. Im Ergebnis soll dadurch die Auftragsqualität verbessert werden, um den neuen Mindestbestellanforderungen zu entsprechen.

Um den Fortschritt des Key Results während des Quartals im Blick zu behalten, wird der Fertigstellungsgrad und der Grad an Zuversicht (häufig aus dem Englischen als *Confidence Level* bezeichnet) bewertet. Der Fertigstellungsgrad ergibt sich aus der gewählten Messgröße (Prozent, Währung etc.). Das Confidence Level gibt an, wie zuversichtlich man ist, das Key Result bis zum Ende des Quartals zu erreichen. Durch die Angabe kann man mit einem Blick leicht erkennen, welche Key Results gut laufen und wo es Probleme gibt. In der Praxis hat sich hierfür die Angabe eines Ampelsystems bewährt (Teipel & Alberti, 2019, S. 36).

Zur Formulierung von Key Results kann zudem auf drei unterschiedliche Arten von Key Results zurückgegriffen werden (Lobacher & Jacob, 2020, S. 122–124; Niven & Lamorte, 2016, S. 76–78), die nachfolgend erläutert werden.

Datensammlungs-Key-Result Bevor messbare Key Results formuliert werden können, ist eine stabile Datenbasis notwendig. Ein einfaches Beispiel: Wenn z. B. die Mitarbeitendenbindung erhöht werden soll, ist hierfür die aktuelle und vergangene Fluktuationsrate notwendig. Die Entwicklung dieser Datenbasis kann ebenso mittels formulierter Key Results erfolgen. Zum einen vor der eigentlichen Anwendung der Methode, um eine stabile Datenbasis zu schaffen. Zum anderen auch währenddessen zur Erweiterung der Datenbasis, um in den darauffolgenden Quartalen auf der Grundlage dieser Basis messen und prüfen zu können.

Metrisches Key Result Für das Key Result werden konkrete Zahlen (absolute Zahlen, Prozentwerte, Währungen, etc.) verwendet. Dies ist die am häufigsten verwendete Variante. Sie ist von Natur aus messbar und es sind meist keine weiteren Anpassungen notwendig. Zudem lässt sich, falls es schwerfällt einen konkreten Wert zu definieren, eine Spannweite definieren. Zum Beispiel „Die Auslastungsrate aller festangestellten IT-Berater beträgt zwischen 80 % und 90 %". Das Key Result ist erfüllt, wenn der konkrete Wert in dieser Spanne liegt. Wie Werte unterhalb und oberhalb von Spannweiten gewertet werden, sollte zuvor besprochen und festgelegt werden.

Meilenstein-Key-Result Wenn es nicht oder sinnvoll ist, etwas metrisch zu messen, so kann auf Meilenstein-Key-Results zurückgegriffen werden. Für das Key

Result werden demnach einzelne Meilensteine definiert, die in Summe 100 % ergeben. Diese Art eignet sich insbesondere dann, wenn das Key Result zuvor binär ist, also die Zustände 0 (Nein, nicht erreicht) oder 1 (Ja, erreicht) hat. In diesem Zustand wäre es im Fortschritt nicht messbar. Mithilfe von detaillierten Meilensteinen wird der Fortschritt messbar. Die definierten Meilensteine bauen aufeinander auf und sind daher nicht unabhängig voneinander. Diese Tatsache wird jedoch zugunsten der Fortschrittsmessung häufig akzeptiert.

Neben den unterschiedlichen Key-Result-Arten bestehen auch zwei unterschiedliche Arten der Messbarkeit: *Lag Measure* und *Lead Measure*. Ein Lag Measure ist eine Kennzahl, die ein bestimmtes Ergebnis misst, das man erreichen möchte, z. B. Umsatz erhöhen auf 8 Mio. Euro. Ein Lead Measure hingegen misst etwas, das in der Gegenwart beeinflussbar ist und somit einen Einfluss auf das eigentliche Ziel hat, z. B. Pipeline-Value der neuen Leads auf 500.000 € erhöhen. In der Praxis werden häufig Lag Measures verwendet. Erfolgsversprechender ist die Nutzung von Lead Measures, da sie einen größeren Einfluss auf das eigentliche Ziel, und damit die Wahrscheinlichkeit sie zu erreichen, nehmen (Lobacher & Jacob, 2020, S. 126–127).

Bei der OKR-Bewertung werden objektive Daten durch subjektive Beurteilungskriterien bewertet. Jedes gesetzte Ziel hat jedoch seine eigene Geschichte im Verlauf. So können schwache Zahlen einen großen Einsatz verdecken und starke Zahlen können künstlich aufgeblasen sein (Doerr, 2018, S. 120). Dieser Aspekt sollte in der Gesamtbewertung ebenso Einklang finden und zielführend genutzt werden, um die Formulierung und die subjektive Bewertung von Key Results zu optimieren.

Abschließend lässt sich festhalten: Entwickeln und verfeinern Sie fortlaufend Skalen für ambitionierte und verbindliche Ziele. Nutzen Sie die bewährten Vorteile von Stretch Goals und koppeln Sie quantitative und qualitative Key Results miteinander. Mithilfe der Angabe des Confidence Levels können Sie den Fortschritt im Auge behalten und proaktiv reagieren. Nutzen Sie Datensammlungs-Key-Results zum Aufbau einer stabilen Datenbasis und erweitern Sie mithilfe dessen die Basis bei Bedarf. Verwenden Sie möglichst immer metrische Key Results. Wenn dies nicht möglich oder sinnvoll erscheint, greifen Sie auf Meilenstein-Key-Results zurück. Lead Measures sind Lag Measures vorzuziehen. Bei der OKR-Bewertung werden objektive Daten subjektiv bewertet. Lassen Sie Subjektivität zu und optimieren Sie die angewandten Maßstäbe, z. B. durch eine Reflexion im Anschluss eines OKR-Zyklus.

3.2   Einführung und Skalierung der OKR-Managementmethode

3.2.1   Grundvoraussetzungen

Bevor die OKR-Managementmethode im Unternehmen eingesetzt werden kann, sollten einige Grundvoraussetzungen erfüllt sein. Dazu gehören insbesondere:

- Klare Beantwortung der „Warum"-Frage,
- Vorhandensein eines Leitbilds,
- Reifegradbestimmung als Vorarbeit,
- Loosely-coupled Prinzip verinnerlicht und
- Commitment vorhanden und Verantwortlichkeiten geklärt.

Klare Beantwortung der „Warum"-Frage
Bevor die OKR-Managementmethode eingesetzt wird, sollte die „Warum"-Frage klar beantwortet werden: „Warum soll die OKR-Managementmethode im Unternehmen eingesetzt werden?". Dies umfasst auch die dahinterstehende Motivation: „Was soll mit dem Einsatz bezweckt werden?". Im Idealfall wird diese Frage an mehrere Stakeholder gerichtet. Mit der Beantwortung der Fragen wird die damit verbundene Erwartungshaltung verdeutlicht. Eine kritische Reflexion ist zu Beginn unerlässlich und reduziert das Risiko des Scheiterns. Wenn die Motivatoren zur Methode passen, so kann das gemeinsame Ziel verschriftlicht und anschließend gemeinsam verfolgt werden (Lobacher & Jacob, 2020, S. 150, 214).

Vorhandensein eines Leitbilds
Eine wesentliche Grundvoraussetzung ist das Vorhandensein eines Leitbilds, das die Vision, Mission und die Werte des Unternehmens beschreibt. Ist ein Leitbild vorhanden, so sollte es nochmals kritisch geprüft werden. Die Erfahrung zeigt, dass sich Unternehmen damit schwertun. Ist kein Leitbild vorhanden, so ist dies nachzuholen, z. B. in Form eines Workshops unter Zuhilfenahme eines Leitbild-Strategie-Canvas (siehe Abschn. 2.1). Zur kritischen Prüfung des vorhandenen Leitbilds oder zur Durchführung eines Workshops zum Erstellen eines Leitbilds sollte ein/e erfahrene/r externe/r Berater/-in hinzugezogen werden. Ein/e externe/r Berater/-in bringt die nötige Erfahrung mit und besitzt genügend Abstand zum Unternehmen, um die richtigen Fragen stellen zu können. Ist diese Vorarbeit getan, so gilt es, das

Leitbild in geeigneter Form zu kommunizieren. Schließlich bildet es die Basis für die zukünftige, strategische Arbeit mittels der OKR-Managementmethode.

Reifegradbestimmung als Vorarbeit
Die Ermittlung des Reifegrads einer Organisation kann als Vorarbeit sinnvoll sein (Kudernatsch, 2022, S. 182–183). Hierfür wird im Kleinen z. B. der Arbeitstag von Managern im Unternehmen geprüft und ermittelt, welche Zeitanteile für das operative Tagesgeschäft bzw. für strategische Aufgaben zur Verfügung stehen. Im Großen wäre auch die Ermittlung des Reifegrads einer Organisation anhand von Dimensionen wie Strategie, Organisation, Kultur, Technik usw. möglich (Strasser et al., 2020, S. 17; Teipel & Alberti, 2019, S. 37). Der Reifegrad verdeutlicht den Status Quo im Unternehmen und empfiehlt Maßnahmen als Vorarbeit zur erfolgreichen Umsetzung.

Loosely-coupled Prinzip verinnerlicht
Dieses Prinzip kann als Teil der zuvor beschriebenen Reifegradbestimmung in der Dimension „Organisation" erfolgen. Da die Reifegradbestimmung jedoch bis dato keinen Defacto-Standard darstellt, wird das Prinzip nachfolgend gesondert thematisiert. Das loosely-coupled Prinzip, das aus der Organisationstheorie stammt, ist ein wichtiges Prinzip für eine wirksame OKR-Managementmethode. Es umfasst eine Vielzahl von Wirkweisen, die nach der Einführung der OKR-Managementmethode schwer bis gar nicht umzusetzen sind. Daher sollte dieses Prinzip inklusive ihrer Wirkweise zuvor thematisiert, zur aktuellen Organisation und den Kommunikationswegen gemappt und entsprechende Wirkweisen festgehalten werden. Zu den Wirkweisen gehören u. a. (Lobacher & Jacob, 2020, S. 101–102):

- Es gibt keine delegierten Ziele mehr. Jedes Team erstellt autonom eigene OKRs und ist verantwortlich für die Erfüllung.
- Ziele werden nicht vorgegeben und nicht heruntergebrochen. Es muss verhindert werden, dass aus Key Results der oberen Ebene Objectives der unteren Ebene werden. Eine Umsatzerwartung auf Unternehmensebene wird nicht auf die jeweiligen Teams (mathematisch) heruntergebrochen.
- Eine rege und direkte Kommunikation aller Unternehmensebenen ist notwendig, um das Prinzip wirken zu lassen und um den Regelkreislauf aus top-down und bottom-up zu gewährleisten.

Commitment vorhanden und Verantwortlichkeiten geklärt

Im Idealfall liegt das Commitment des Topmanagements vor und die Führungskräfte unterstützen das Vorhaben aktiv durch Teilnahme an Reviews, der Arbeit an eigenen OKRs und der Schaffung von Rahmenbedingungen für die OKR-Managementmethode. Dieser Punkt ist wichtig, bei sehr großen Unternehmen aber oftmals schwer zu erzielen. In diesem Fall kann auch das Commitment der Abteilungs- oder Bereichsleitung hilfreich sein, um zu starten, Erfahrungen zu sammeln und anschließend das Topmanagement für die nächsten Schritte zu überzeugen. In diesem Zusammenhang sollten alle Verantwortlichkeiten geklärt werden. Dazu gehört auch zu definieren, wer die Einführung der OKR-Managementmethode im Unternehmen verantwortet, wer der oder die OKR-Master sind inklusive der Schaffung von entsprechenden Rahmenbedingungen.

Sind die beschriebenen Grundvoraussetzungen erfüllt, so kann die Planung und anschließende Implementierung erfolgen. Die Planung ist sehr individuell und wird an dieser Stelle ausgeklammert (einige Empfehlungen sind u. a. zu finden bei Vohl (2017, S. 189–190)). Die Einführung der OKR-Managementmethode kann je nach Kontext und Unternehmensgröße durchaus komplex sein, denn es verändert bisherige Arbeitsweisen und -prinzipien. Hierfür kann für die Implementierung auf zwei grundlegende Strategien zurückgegriffen werden: Pilotprojekt oder Big Bang.

3.2.2   Einführungsstrategien Pilotprojekt auf allen Ebenen des Unternehmens

Eine Gruppe (Organisationseinheit, Division, Bereich, etc.) findet sich zu einem OKR-Team zusammen und nimmt an einem OKR-Workshop, der durch einen erfahrenen Trainer durchgeführt wird, teil. In dem Workshop werden interaktiv, ggf. unter Zuhilfenahme von *Serious Games* (Landmann et al., 2021, S. 7), die theoretischen Hintergründe der OKR-Managementmethode vermittelt und auch gemeinsam der Grundstein für die anschließende Arbeit mittels OKRs gelegt (Regeltermine festlegen, OKR-Liste transparent an- und ablegen usw.). Das Pilotprojekt kann auch einen thematischen OKR-Schwerpunkt (z. B. Kosten, Prozess oder Qualitätsziel) haben (Kudernatsch, 2022, S. 180–181). Ein Pilotprojekt erfordert meist einen geringen Grad an Entscheidungsfindung und kann durch den schnellen OKR-Umsetzungsprozess eine große Strahlwirkung entwickeln. Die Einbindung der oberen Führungsebene sollte zeitnah (nach wenigen OKR-Zyklen) erfolgen, um Zielkonflikte zu vermeiden, die nächsten Schritte der Zusammenarbeit mit anderen Gruppen zu ermöglichen und um das Topmanagement einzubinden. Ebenso kann das Pilotprojekt auf Toplevel initiiert werden. Unter

Einbeziehung der oberen Bereiche und Führungskräfte kann bei einem solchen Pilotprojekt eine Vorbildfunktion des Managements und ein zusätzlicher Schwung für die Entwicklung im gesamten Unternehmen entstehen. Detaillierte Schritte für die Einführung der OKR-Managementmethode mittels Pilotprojekt sind zu finden in Lobacher & Jacob (2020, S. 150–154) und Strasser et al. (2020, S. 17).

Big Bang
Das gesamte Unternehmen wird einbezogen und ausgerichtet. Alle benötigten OKR-Teams werden zusammengestellt, trainiert und beginnen gemeinsam im definierten OKR-Zyklus ihre Arbeit. Es findet eine optimale Ausschöpfung der interdisziplinären, unternehmensweiten Zusammenarbeit statt. Dies erfordert ein starkes Commitment des Topmanagements, einen starken Willen sowie Durchhaltevermögen, insbesondere im ersten Jahr der Einführung.

Selbstverständlich kann ein Mix aus beiden Strategien oder auch eine Mischform, die zur stufenweisen Weiterentwicklung der OKR-Managementmethode führt, eingesetzt werden. Die passende Strategie hängt von einer Reihe an Einflussgrößen, wie Ziel der Einführung, Reifegrad der Organisation, Veränderungsbereitschaft usw. ab (Kudernatsch, 2022, S. 182–183). Unabhängig von der ausgewählten Strategie sollte das Prinzip „Betroffene zu Beteiligten machen" angewandt werden (Strasser et al., 2020). D. h. dass die Betroffenen einbezogen und beteiligt werden in die Einführung und den Einsatz der OKR-Managementmethode. Dies ist zwar herausfordernd, macht sich jedoch für den Erfolg des Vorhabens bezahlt. Weitere, wichtige Faktoren für eine erfolgreiche Einführung und Implementierung der OKR-Managementmethode sind im nachfolgenden Kapitel (siehe Abschn. 3.8) zu finden.

Der Einsatz der OKR-Managementmethode im Unternehmen stellt eine Veränderungsmaßnahme im Unternehmen dar. Wie andere Veränderungen auch, gilt es einige Faktoren zu beachten, die den Erfolgs- und Misserfolg des Vorhabens beeinflussen. In den nachfolgenden Kapiteln werden jeweils 5 Erfolgs- und Misserfolgsfaktoren vorgestellt, die spezifisch die OKR-Einführung beeinflussen.

3.2.3 Erfolgsfaktoren

Erfolgsfaktor 1: Motivation und Planung
Warum soll die OKR-Managementmethode im Unternehmen eingesetzt werden? Was ist der Motivator? Dies ist die erste, wichtige Frage, die es zu beantworten gilt. Nur wenn die Motivatoren zu den Leistungsmerkmalen der

OKR-Managementmethode passen, kann ein Erfolg generiert werden. Passt beides zueinander, so gehört eine strukturierte Planung des Vorhabens dazu. Eine Möglichkeit ist, das Vorhaben als Projekt zu definieren und die Schritte der Projektplanung zu durchlaufen (u. a. Rollen- und Verantwortlichkeiten definieren, Umfang, Budget und Zeitplan festlegen, Ziele definieren). Eine andere Möglichkeit ist es, ein gemeinsames, physisches oder digitales Aufgabenboard anzulegen und initial zu definieren, welche Vorarbeiten geleistet werden müssen, bevor die OKR-Managementmethode eingesetzt werden kann. Über dieses Board werden anschließend die laufenden Aufgaben während der Implementierung verfolgt. Planen Sie ausreichend Zeit für die Planung und Implementierung der OKR-Managementmethode ein.

Erfolgsfaktor 2: OKR in Reinform

OKR als Managementmethode hat bestimmte Grundprinzipien und Regeln (siehe Abschn. 2.3 und 2.4), nachfolgend als „Reinform" bezeichnet, die es zu wahren gilt, um den Erfolg sicherzustellen. Diese Reinform ist relativ simpel und schnell verstanden, jedoch in der Praxis schwer umzusetzen. Die Reinform trifft auf ein komplexes Unternehmensgebilde, dass es nicht gewohnt ist, nach den OKR-Regeln und -Prinzipien zu arbeiten. Nun passiert meist folgendes: Die OKR-Managementmethode wird an den eigenen Kontext im Unternehmen angepasst. Dagegen spricht grundsätzlich nichts, denn das reine Befolgen der OKR-Prinzipien und -Regeln gemäß Reinform bringt nicht automatisch einen Erfolg mit sich und ist auch nicht das Ziel. Dennoch zeigt die Erfahrung, dass eine Anpassung häufig auch die Reinform trifft und sich mit der Zeit viele Handlungen wieder am Urzustand orientieren. Erfahrungsgemäß ist dies der erste Schritt zum OKR-Misserfolg, der sich einige Zeit später einstellt. Ein Beispiel: Eins der wichtigen Prinzipien der OKR-Managementmethode ist Fokussierung. Daher sollte der Fokus auf wenige Objectives und Key Results gelegt werden. Dies umfasst gleichermaßen das „Nein sagen zu 1000 Dingen". Das Prinzip bringt einen großen Mehrwert (Doerr, 2018, S. 62; Stray et al., 2022, S. 3). Wenn dieses Prinzip nicht umsetzbar ist und (wie früher) alles wichtig ist und gemacht werden muss, so wird die OKR-Managementmethode nicht den Mehrwert erzielen, der möglich ist. Vielen Unternehmen hilft es, z. B. in den ersten drei bis vier Zyklen keine Anpassungen vorzunehmen. Nach dieser Zeit sind ausreichend Erfahrungswerte vorhanden und eine Anpassung ist entsprechend fundiert.

Erfolgsfaktor 3: Erfahrung mit OKR und der Umsetzung komplexer Veränderungsvorhaben

Der Einsatz der OKR-Managementmethode kann ein großer Hebel für strategisches Arbeiten und die Umsetzung relevanter Maßnahmen zur Erreichung der strategischen Ziele sein. Vor dem Einsatz sollten bestimmte Grundvoraussetzungen erfüllt sein sowie die passende Strategie gewählt werden (siehe Abschn. 3.5). Sowohl in den Vorgesprächen als auch in der Planungs- und Implementierungsphase ist eine Begleitung durch eine/n erfahrene/n Coach und Trainer wichtig (Stray et al., 2022, S. 5). Diese/r OKR-Coach und Trainer bringt alle Mitarbeitenden, die nachfolgend mit der OKR-Managementmethode arbeiten sollen, auf einen Wissensstand und steht während der Implementierung allen Beteiligten zur Seite. Beides zusammen ist in der Kombination erfolgskritisch (Dikert et al., 2016, S. 102; Stray et al., 2022, S. 4). Fällt die Wahl auf eine/n externen Coach und Trainer/-in, so bringt diese/r idealerweise Erfahrungen aus verschiedenen Unternehmen mit und kann Good-Practices vermitteln. Ratsam ist, dass der/die externe Coach bereits frühzeitig interne OKR-Coachs ausbildet und sie auf ihrem Weg begleitet. Ein Mandat seitens des Topmanagements oder der Führungsebene darunter inklusive gemeinsam definierter Erfolgs- und Misserfolgsfaktoren, erhöhen die Erfolgswahrscheinlichkeit.

Erfolgsfaktor 4: Die richtige Balance

Die Umsetzung von strategischen Zielen mittels der OKR-Managementmethode erfordert Zeit. Hier gilt es die richtige Balance zu finden. Ist zu wenig Zeit verfügbar, so wird es nicht gelingen, die angestrebten Ziele zu erreichen und die OKR-Managementmethode im Unternehmen zu etablieren. Nimmt die Arbeit mittels der OKR-Managementmethode überhand, so leidet das Tagesgeschäft darunter. Neben einem starken Fokus auf wenige Kernthemen, sind die Vorarbeit sowie feste Zeitslots für Regeltermine unabdingbar. Ein Beispiel dazu: Das nächste Planning steht in sechs Wochen an. Bereiten Sie sich individuell darauf vor, schauen Sie sich die Moals an und stimmen Sie sich zuvor mit Kolleginnen und Kollegen ab. Gehen Sie mit konkreten und abgestimmten Inhalten ins Planning, das einen festen Zeitslot hat und zielführend moderiert wird.

Erfolgsfaktor 5: Kontinuierliche Verbesserung und aktive Veränderungen

Diskutieren und reflektieren Sie retrospektiv über die Anwendung der Methode und die Ergebnisse. Lernen Sie aus der Anwendung und passen Sie Dinge an. Mit der Zeit steigt das Verständnis für die OKR-Managementmethode und Sie können über die Grundlagen hinaus an weiterführenden Themen arbeiten (Stray et al., 2022, S. 4).

3.2.4 Misserfolgsfaktoren

Misserfolgsfaktor 1: Rahmenbedingungen

Die Einführung, das Sammeln von Erfahrungen und die schrittweise Verbesserung brauchen Zeit. Einige Quellen berichten von einer sechsmonatigen Eingewöhnungszeit (z. B. Stray et al., 2022, S. 3). Unserer Erfahrung nach sind mindestens drei bis vier Zyklen notwendig, bis ein tiefgreifendes Verständnis geschaffen ist. Neben der Rahmenbedingung, dass diese „Lernzeit" zur Verfügung gestellt wird, sind einige weitere Rahmenbedingungen essentiell. Dazu gehört beispielsweise, dass auf keinen Fall Boni oder andere Anreizsysteme direkt vom Erreichen der OKRs abhängen. Sollte zudem eine transparente Ablage aller OKR-Listen, z. B. kulturell bedingt, nicht möglich sein, so ist dies ein Warnsignal. Sind wesentliche Rahmenbedingungen nicht umsetzbar, so ist der Misserfolg vorprogrammiert.

Misserfolgsfaktor 2: Ausschließlich auf erstrebenswerte OKRs setzen bzw. Fake-OKRs

„70 ist das neue 100" und „im OKR-System wird ja nur mit sehr ambitionierten Zielen gearbeitet" sind Mythen, die sich leider sehr hartnäckig halten. Tatsächlich sollte immer zwischen verbindlichen und erstrebenswerten OKRs differenziert werden. Die verbindlichen OKRs machen zudem meist den größten Teil aus und nur wenige Unternehmen haben die monetären Mittel, um sich primär auf erstrebenswerte (risikobehaftete) OKRs zu fokussieren. Andererseits können OKRs zu wenig ambitioniert formuliert werden oder sich zu sehr am Status Quo orientieren (Doerr, 2018, S. 228). In beiden Fällen handelt es sich um „Fake-OKRs", da sie weder ein verbindliches noch ein erstrebenswertes OKR darstellen.

Misserfolgsfaktor 3: Schlechte Qualität

Gute Objectives und Key Results zu formulieren ist nicht trivial und benötigt Methodenkenntnis und Übung. Eine schlechte Qualität führt häufig zu Doppelarbeiten, Missverständnissen und Frust. Daher sollte auf die Qualität Wert gelegt werden. Ein/e gut ausgebildete/r OKR-Master kann hierfür sehr hilfreich sein.

Misserfolgsfaktor 4: Mangelnde Disziplin und fehlendes Commitment

Die Arbeit mit OKRs erfordert von allen Beteiligten ein hohes Maß an Disziplin und die Bereitschaft, sich auf Inhalte zu committen (Kudernatsch, 2022, S. 183–185; Lobacher & Jacob, 2020, S. 156). Über alle Hierarchiestufen hinweg ist eine enge Zusammenarbeit notwendig. Eine Teilnahme an allen Regelterminen ist unabdingbar. Auch ein mangelnder Fokus auf der Führungsebene kann die OKR-Managementmethode schnell zum Scheitern bringen.

Misserfolgsfaktor 5: Nur Top-Down und viel Tagesgeschäft
Sobald Teams Ziele vorgesetzt bekommen, leidet die intrinsische Motivation. Zudem verfällt die OKR-Managementmethode dann auch ins MbO-Prinzip (siehe Abschn. 1.3). Dies hat wenig mit der OKR-Managementmethode zu tun und unterscheidet sich in vielen Punkten. Weiterhin findet sich sehr häufig Tagesgeschäft in den OKRs, statt Aktivitäten, die die strategische Weiterentwicklung der Organisation unterstützen (Lobacher & Jacob, 2020, S. 156). Die OKR-Managementmethode ist kein Ansatz, um Dinge zu erledigen. Beides wirkt sich negativ aus und entspricht nicht dem Grundgedanken der OKR-Managementmethode.

Fazit 4

Objectives and Key Results sind weit mehr als ein weiterer Managementtrend. Es handelt sich um eine umfassende Managementmethode, die als agiles Betriebssystem für moderne Organisationen dient und eine wirksame Brücke zwischen langfristiger Strategie und operativer Umsetzung schlägt. Wie in diesem essential dargelegt, liegt die Kernmechanik in der Symbiose aus qualitativen, inspirierenden Zielen (Objectives) und den quantitativen, messbaren Schlüsselergebnissen (Key Results), die den Fortschritt unmissverständlich aufzeigen.

Sein volles Potenzial entfaltet die OKR-Managementmethode jedoch erst, wenn die zugrunde liegenden Werte und Prinzipien – insbesondere Fokussierung, Alignment, Transparenz und Commitment – tief in der Unternehmenskultur verankert sind. Die bewusste Beschränkung auf wenige Prioritäten bündelt die Energie auf das Wesentliche, während die radikale Transparenz die abteilungsübergreifende Zusammenarbeit fördert.

Die praktische Anwendung erfordert Disziplin. Die Kunst, wirkungsvolle OKRs zu formulieren, die tatsächliche Ergebnisse (Outcomes) statt reiner Aktivitäten (Outputs) messen, sowie die richtige Balance zwischen ambitionierten Stretch Goals und verbindlichen Zielen zu finden, ist erfolgskritisch.

Letztlich ist die Einführung der OKR-Managementmethode kein rein methodischer Prozess, sondern eine tiefgreifende Veränderungsmaßnahme. Sie verlangt nach dem uneingeschränkten Commitment der Führungsebene, der Bereitschaft zum kontinuierlichen Lernen in einem festen Rhythmus aus Events wie Review und Retrospektive und der Konsequenz, die Prinzipien auch bei Widerständen zu wahren. Gelingt dies, erweist sich die OKR-Managementmethode als ein effektives Instrument, um Organisationen fokussierter, agiler und letztlich erfolgreicher zu machen.

© Der/die Autor(en), exklusiv lizenziert an Springer Fachmedien Wiesbaden GmbH, ein Teil von Springer Nature 2025
M. Westner, A. Strasser, *Objectives and Key Results verstehen und anwenden*, essentials, https://doi.org/10.1007/978-3-658-50382-6_4

Disclaimer 5

Bei der Manuskripterstellung wurden generative KI-Anwendungen (ChatGPT, Gemini, NotebookLM) unterstützend für Brainstorming, gedanklichen Austausch und Lektorat genutzt. Die originäre inhaltliche Ausarbeitung und Strukturierung obliegen den Autoren; sämtliche KI-Ergebnisse unterlagen einer sorgfältigen menschlichen Prüfung und Freigabe.

M. Westner, A. Strasser, *Objectives and Key Results verstehen und anwenden*, essentials, https://doi.org/10.1007/978-3-658-50382-6_5

Was Sie aus diesem *essential* mitnehmen können

- OKR ist eine agile Managementmethode, die die Lücke zwischen langfristiger Strategie und kurzzyklischer, operativer Umsetzung schließt.
- Die Methode basiert auf der Kombination von qualitativen, motivierenden Zielen (Objectives) und spezifischen, messbaren Schlüsselergebnissen (Key Results), die den Erfolg quantifizieren.
- Der Erfolg hängt entscheidend von der Verankerung zentraler Werte und Prinzipien wie z. B. Fokus, Alignment (Ausrichtung), Transparenz und Commitment in der Unternehmenskultur ab.
- Eine der größten praktischen Herausforderungen ist die Formulierung guter OKRs, die ergebnisorientiert (Outcome) statt aufgabenorientiert (Output) sind und eine Balance zwischen verbindlichen und ambitionierten Zielen wahren.
- Die Implementierung ist ein kultureller Veränderungsprozess, der das volle Engagement der Führung, Disziplin in den Prozessen und die Bereitschaft zu kontinuierlichem Lernen erfordert.

Literatur

Beck, K. (2000). *Extreme programming eXplained: Embrace change.* Addison-Wesley.

Bracher, M. (2009). *Das operative Management von Produktionsunternehmungen.* Gabler. https://doi.org/10.1007/978-3-8349-8321-3.

Cohn, M. (2004). *User stories applied: For agile software development.* Addison-Wesley.

Creusen, U., Gall, B., & Hackl, O. (2017). *Digital Leadership.* Springer. https://doi. org/10.1007/978-3-658-17812-3.

Dikert, K., Paasivaara, M., & Lassenius, C. (2016). Challenges and success factors for large-scale agile transformations: A systematic literature review. *Journal of Systems and Software, 119,* 87–108. https://doi.org/10.1016/j.jss.2016.06.013.

Doerr, J. (2018). *OKR: Objectives & Key Results: Wie Sie Ziele, auf die es wirklich ankommt, entwickeln, messen und umsetzen.* Franz Vahlen. https://doi.org/10.15358/9783800657742.

Doetsch, P. A. (2014). *Mitarbeiterführung: Fair + Erfolgreich: Mehr Motivation und Lebensqualität für sich und andere.* Springer. https://doi.org/10.1007/978-3-658-04958-4.

Drucker, P. F. (2007). *The practice of management.* HarperCollins.

Engelhardt, P., & Möller, K. (2017). OKRs – Objectives and Key Results. *Controlling, 29*(2), 30–37. https://doi.org/10.15358/0935-0381-2017-2-30.

Fangmeier, M., & Koch, T. (2024). Ist OKR die neue BSC? In P. Schneidewind, T. Koch, & B. Reinhart (Hrsg.), *Theatercontrolling* (S. 193–204). Springer. https://doi.org/10.100 7/978-3-658-44984-1_15.

Fink, C. A., & Heineke, C. (2006). Die Balanced Scorecard mit dem Zielvereinbarungssystem verbinden. In D. Hahn & B. Taylor (Hrsg.), *Strategische Unternehmungsplanung – Strategische Unternehmungsführung* (S. 375–394). Springer. https://doi.org/1 0.1007/3-540-30763-X_20.

Grieb, B., Gebauer, I., & Enderle, M. (2024). Agil und ergebnisorientiert – Umsetzung einer partizipativen Führung mittels der OKR-Methode in der Wirtschaftsförderung der Landeshauptstadt Stuttgart. In J. Stember (Hrsg.), *Innovative Wirtschaftsförderungen in Krisenzeiten* (S. 55–72). Springer. https://doi.org/10.1007/978-3-658-42046-8_4.

Helmold, M. (2023). Lean Management KPI und OKR. In M. Helmold (Hrsg.), *Lean Management und Kaizen* (S. 125–135). Springer. https://doi.org/10.1007/978-3-031-19692-8_12.

Hungenberg, H., & Wulf, T. (2021). *Grundlagen der Unternehmensführung*. Springer. https://doi.org/10.1007/978-3-658-35423-7.

Jeffries, R. (2001). *Essential XP: Card, Conversation, Confirmation*. https://ronjeffries.com/xprog/articles/expcardconversationconfirmation/.

Kaplan, R. S., & Norton, D. P. (1996). *The balanced scorecard: Translating strategy into action*. Harvard Business School Press.

Kaplan, R. S., & Norton, D. P. (2001). *Die strategiefokussierte Organisation: Führen mit der Balanced Scorecard*. Schäffer-Poeschel.

Kollmann, T. (2020). *Digital Leadership: Grundlagen der Unternehmensführung in der Digitalen Wirtschaft*. Springer. https://doi.org/10.1007/978-3-658-30635-9.

Kudernatsch, D. (2022). *Toolbox Objectives and Key Results: Transparente und agile Strategieumsetzung mit OKR* (2. Aufl.). Schäffer-Poeschel Verlag für Wirtschaft Steuern Recht GmbH.

Landmann, J., Lammert, S., Frey, M., & Wagner, J. (2021). So funktioniert der kompetenzbasierte OKR-Ansatz bei Sartorius. *Projektmagazin, 20,* 1–14.

Lihl, H. T., Mahlendorf, M. D., & Schmoltzi, D. (2019). Agiles Controlling mit OKR für schnelles Wachstum. *Controlling & Management Review, 63*(8), 42–49. https://doi.org/10.1007/s12176-019-0059-9.

Lobacher, P., & Jacob, C. (2020). *Objectives & key results (OKR): Das agile Betriebssystem für moderne Organisationen*. die.agilen.

Mooncamp. (2021). *Objectives and Key Results (OKR) – Der komplette Guide zur OKR Methode*. https://mooncamp.com/de/okr/.

Niven, P. R., & Lamorte, B. (2016). *Driving Focus, Alignment, and Engagement with OKRs*. Wiley.

Reusche, U. (2020). Managementsysteme OKR und MbO richtig anwenden. *Arbeit und Arbeitsrecht, 8,* 475–477.

Rieger, M., & Luge, S. (2024). Mit Objectives und Key Results (OKR) die Unternehmenskultur weiterentwickeln. In J. Herget & H. Strobl (Hrsg.), *Unternehmenskultur als Strategie* (S. 559–579). Springer. https://doi.org/10.1007/978-3-658-42755-9_25.

Schreyögg, G., & Geiger, D. (2016). *Organisation: Grundlagen moderner Organisationsgestaltung. Mit Fallstudien*. Springer. https://doi.org/10.1007/978-3-8349-4485-6.

Sitkin, S. B., Miller, C. C., & See, K. E. (2017). The stretch goal paradox. *Harvard Business Review,* 92–99.

Sörgens, C. (2023). Produktstrategie umsetzen und validieren mit Objectives und Key Results (OKR): Ein Framework zum Navigieren in komplexen Welten. In S. Hoffmann (Hrsg.), *Digitales Produktmanagement* (S. 65–94). Springer. https://doi.org/10.1007/978-3-658-41880-9_4.

Strasser, A., Mercier, C., & Piepenschneider, F. (2020). *OKR-Guide*. https://www.frobese.de/files/OKR-Guide.pdf

Stray, V., Gundelsby, J. H., Ulfsnes, R., & Brede Moe, N. (2022). How agile teams make Objectives and Key Results (OKRs) work. *Proceedings of the International Conference on Software and System Processes and International Conference on Global Software Engineering,* 104–109. https://doi.org/10.1145/3529320.3529332.

Teipel, P., & Alberti, M. (2019). Vision und Strategie verwirklichen mit OKR. *Controlling & Management Review, 63*(5), 34–39. https://doi.org/10.1007/s12176-019-0033-6.

Trinkenreich, B., Santos, G., Barcellos, M. P., & Conte, T. (2019). Combining GQM + Strategies and OKR – Preliminary Results from a Participative Case Study in Industry. In X. Franch, T. Männistö, & S. Martínez-Fernández (Hrsg.), *Product-Focused Software Process Improvement* (Bd. 11915, S. 103–111). Springer. https://doi.org/10.1007/978-3-030-35333-9_7.

Vohl, H.-J. (2017). *Veränderungsintelligenz: Agiler, innovativer, unternehmerischer den Wandel unserer Zeit meistern.* In G. Baltes & A. Freyth (Hrsg.), Springer Gabler. https://doi.org/10.1007/978-3-658-04889-1.

von Vogel, S. (2018). Fokus! Fokus! Fokus! *OrganisationsEntwicklung, 3,* 52–56.

Wirdemann, R. (2011). *Scrum mit User Stories* (2. erweiterte Auflage). Hanser.